话语的魔力

以关键词为例的哲学解读

HUAYU DE MOLI

陈勤 刘晓庆 著

知识产权出版社
全国百佳图书出版单位

图书在版编目（CIP）数据

话语的魔力：以关键词为例的哲学解读/陈勤，刘晓庆著. —北京：知识产权出版社，2017.9

ISBN 978-7-5130-4699-2

Ⅰ.①话… Ⅱ.①陈… ②刘… Ⅲ.①哲学—通俗读物 Ⅳ.①B-49

中国版本图书馆 CIP 数据核字（2017）第 003629 号

内容提要

话语中的关键词影响人类思维、塑造人类的观念。本书将若干重要的词汇进行了深入浅出的哲学阐释，如"离与合""悲与欢""信仰""幸福"等，介绍了历史上具有代表性的经典观点。

责任编辑：卢媛媛　　　　　　　　　责任出版：孙婷婷

话语的魔力——以关键词为例的哲学解读

HUAYU DE MOLI——YI GUANJIANCI WEILI DE ZHEXUE JIEDU

陈　勤　刘晓庆　著

出版发行：知识产权出版社有限责任公司	网　址：http://www.ipph.cn	
电　话：010-82004826	http://www.laichushu.com	
社　址：北京市海淀区气象路 50 号院	邮　编：100081	
责编电话：010-82000860 转 8597	责编邮箱：31964590@qq.com	
发行电话：010-82000860 转 8101	发行传真：010-82000893	
印　刷：北京中献拓方科技发展有限公司	经　销：各大网上书店、新华书店及相关专业书店	
开　本：787mm×1092mm　1/16	印　张：13.25	
版　次：2017 年 9 月第 1 版	印　次：2017 年 9 月第 1 次印刷	
字　数：250 千字	定　价：48.00 元	

ISBN 978-7-5130-4699-2

出版权专有　侵权必究

如有印装质量问题，本社负责调换。

序　言

一、话语的魔力

在这个星球上，每天都有2000多个种族正在讲述着成千上万种语言。肤色各异的人们在欢声笑语中出生，在哀怨连连中死去。他们的生命被用各自的词汇来描述、来定论、来评判、来祈祷。不管他们从哪里来，到哪里去，他们在人世间的短暂停留，都清晰地打上了词语的烙印。

人和世界的关系其实是间接关系，而其中担负中介功能的就是人的语言符号。语言世界其实是一面镜子，它反映了人类关于物质世界的全部精神创造。所谓"读万卷书，行万里路"，意思是说人可以通过语言来认识和把握这个世界。人类创造了语言，并使用它们来认识世界、认识彼此、认识自己。

人类通过语言描述现实世界，把世界条分缕析，形成概念、种类，甚至理论。你说你想买苹果，老板不会给你梨。这是因为对于"苹果"和"梨"，你和水果店老板对两者都有共同的认识。在这个星球上，所有可看、可触和可听的事物，都被人类以命名的方式归类，其伟大之处可与上帝创世纪相类比。

而人与人、人与自身的互动、认识和了解，也是建立在语言上的。在人还处于婴儿阶段的时候，哭泣是引起父母注意的方法。但父母并不知道哭泣的原因，他们会猜测婴儿是否是尿床、饿了、渴了或者病了，然后一一排查。但当人掌握了语言后，表达自己的感知和欲求就能更直接，于是就产生了人与人之间互动的可能。语言还使人把自己"标签化"成为可能，不论是以前的"主义"——"自由主义者""女权主义者"，或者现如今的"宅男""森女"，人都可以用语言把自己进行分类。

建立在语言描述世界功能的基础上，语言还是人进行理性思维的工具。苏珊娜·兰格（Susanne K. Langer）曾说道："语言是人类思想的最高、最令人惊奇的成就。没有语言，就不可能产生任何被称之为思想的东西。"哈贝马斯（Habermas）也曾说过："把人从自然中擢升而起的是语言，社会上实现理性的手段是嵌合在语言当中的。"

描述有对有错，而语言使批判成为可能。这一点，卡尔·波普尔在《通过知识获得解放》中讲道："在给我的题目中称作知识的事物由此开端人类知识。没有理性批评，服务于对真理的寻求的批评，就没有知识。"

人类用语言描述世界，追求真理；但另一面，就像人类发明钟表却最终被钟表区隔时间一样，人类创造语言，也被语言所塑造。

这一点，我们可以看到东西方语言符号造成的不同影响。从文字语言上看，中国汉语这种图像文字与欧洲那些拼写或拼写文字有许多差异。汉语作为图像文字的特质，是中国人注意事物之间的形象联系，忽视事物之间的抽象联系；而通过语言长期的作用，汉语最终被强化为中华民族的一个集体心理结构。因而与西方人相比，中国人的形象思维发达，而西方人则严谨而理性。

不同的语言，影响不同文化的形成，最终形成不同的民族和文化。

最终，话语成为一种权利，统治着臣服于它的人们。英国的汉斯·乔治·加达默尔认为"谁拥有语言，谁就拥有世界"。如果说钢铁的军队可以控制人类的肉体，那么无形的词语就能控制人的灵魂。尤其是那些能创造出一些特殊的词语，并且将之推广的人；那些把特定的词语编成故事，说书给别人听的人；那些能把老词玩出新花样，将其做成口号、标语撼动人心的人，最有水平。

比如，分布于各地的几大宗教，每个宗教给予教徒的最重要的东西之一就是一套宗教语言体系，并通过独特的宗教语言驯化一个人甚至一个民族。如佛教教理中有轮回、报应、苦、集、灭、谛等文化符号，就是创造出来的解释人生的观念，被信徒所信服，成为信徒行为判断的基础。

如果说前者只是无意为之，而从二战中的宣传战开始，有意识的思想统治开始浮出水面。

希特勒在《我的奋斗》中写道："如果说谎，就撒弥天大谎。因为弥天大谎往往有某种可信的力量，民众在大谎与小谎之间更容易成为前者的俘虏。"1939年，希特勒发动侵波战争，曾指示他的下属去制造谎言："我要为发动战争提出一个宣传的理由，至于是否合乎情理，则无关紧要。对于胜利者，事后人们是不会去追究他说的话的真伪。"

纳粹运用《人民观察家报》《冲锋队员》等纳粹喉舌不断地美化希特勒，使得一向以理性为荣耀的德意志民族在媒体的轰炸下集体丧失判断，一直保持着相当高的战争热情。

乔治·奥威尔在《1984》中发明的重要概念"新话"，正是体现了语言对人类思想的操纵和改造。最让人感慨的是，传媒越发达、教育越普及、社会分工越细密，语言的魔力就越强大。

人是活在词语的密林里的。言语作为一种抽象符号，无时无刻不在塑造着每一个人的人格。社会学家库利认为，外界的评价就像一面镜子，能影响到人的自我。从某种意义来说，上镜子就是言语的集合。人的自我在不同的言语镜子里面得到特定的投射。人们需要从言语镜子里矫正自己的认知，从言语镜子里找到世界的样子，从言语镜子里找到某种存在。人类生活生理需求之外的许多需求，包括精神的和物质的，都必须用语言符号抽象出来，才能让人们得到满足和快乐。

二、人活在词语的密林里

无论是从宏观，还是微观来看，词汇的力量贯穿了人类生命的始终。虽然人类创造了语言符号，但却无法通过语言变成的荆棘；人们亲手种下了语言的种子，却不得不永远生活在词语的密林中。

人是智慧生物，也是符号生物。从人类进化为现代人的那一刻起，无论是思考、认知，还是传播、表达，都只能依赖词语符号。人的内在传播和外部的人际传播、群体传播等各种社会传播方式，都离不开符号的承载。正如法国哲学家马里坦说："没有什么问题像与符号有关的问题那样，让人与文明的关系如此复杂的了。符号与人类知识和生活的整个领域相关，它是人类世界的一个普遍工具，正像物理自然世界中的运动一样。"

比如，距离地球亿万光年的某个天体固然是一种物质存在，但作为人还无法感知它。如果没有科学家的界定并命名，成为人类的语言符号体系的一员，那么这样的物质存在就不能进入我们的主观世界，对于我们来说它就是不存在的。

相反，客观世界中并不存在的许多事物、现象、事件，如上帝、神仙鬼怪、天堂地狱的传说、谎言和谣言，由于已经构成概念，形成语言符号，尽管是虚假的概念和叙说，但也是人类世界的一部分。

人类还是社会生物，离开群体是无法生存的，人类社会需要依靠符号的共有来维系。因为只有有了共通的语义空间，人类彼此之间才有可能交流，进而结成互惠互利的生存集团。人类群体和社会，如果没有语言符号作为沟通表达的媒介和渠道，是无法形成的。因为人类是社会生物，单个的生物人如果没有经过社会化，是很难生存的。即便是被狼群抚养大的小孩，也很难拥有真正人类的特质。又如《荒岛余生》中的汤姆·汉克斯，在流落荒岛没有人与之交流的情况下，主人公靠着能与人类文明相联系的各种符号载体，如排球、快递、火把等，再加上数字与文字，不断地维持自己的社会属性而不至于退化。在他获救之后，也能与社会上的人共同交流，这就是符号的力量，语言的共通性。

使用符号的重要成果便是逐渐形成的清晰的观念。毫无疑问，人类自然也是观念生物。德国著名的哲学家莱布尼茨说："人首先学的是符号，其次是观念，再次才是真理本身。"

语言符号带有与生俱来的双重魔力，自从它们被创制的那天起，它就在满足人类信息传递需求的同时，把人类牢牢地缠绕在观念的领地里了。符号是人类认识世界的工具，观念是人类认识世界的必经之路和阶段成果，这一切的代价，是人类用符号给自己打造的笼子。

语言本是人们为了交流思想感情，协调劳动而创造出来的人工符号。可是从它从创造的时候起就被创造者神秘化了，如帝王之死曰"崩"，诸侯王之死曰"薨"（唐以后二品以上官员之死可称之），大夫之死曰"卒"，庶人之死曰"死"，士人之死曰"不禄"。事件都是"死"，但说法却不一。

不论是中国传统社会的"忠孝仁义、君臣、主奴"，到民国出现的"军阀、民国、废除帝制"，再到中国现代社会中的"五讲四美、现代化"等，这些都是文化符号。它们与一定的社会思潮和文化体制相符，同时也制约和规范着相应时期人们的文化观念、文化心理和社会行为。从根本上来讲，符号就是人类给自己画地为牢。总是被自己的创造物所掣肘，这大概是人类的宿命。

另外，人之所以为人的存在感、生存价值和意义，都需要语言符号来定义。或者说，我们毛茸茸的祖先只有从拥有语言符号的那一刻起，才明了自己在这个世界上的坐标和位置，才了解了到作为人的喜怒与哀伤。

人类社会的存续和演进，以及文明文化的传承，都依赖于各种规定和制度。最初是风俗习惯，进而是道德，最后产生了法律。这一切都呈现为社会共识，通过符号来表现，并产生圈层之间、代与代之间的传播。

三、重要的人生关键词

将人类的智慧凝练出来就是符号，符号最重要的表现就是词语。在词语的密林里，有的词语在不同的社会环境里有不同的含义。比如，龙是中国人的发明，是一种象征。在中国，龙代表皇权的至高无上；然而在欧洲的基督教艺术作品里，龙却代表邪恶、贪婪和暴戾，欧洲人认为龙是人类本性的化身。但是总有一些词语成为人们最低限度的共识、最广泛的价值判断，也是世界上众多异质文化之间的最大公约数。无论哪一个种族、哪一种文明形式、哪一类的文化特质，总能在其中找到类似的表述和意思差不多的词汇，这些词语就是我们所讲的关键词。它们构成了人类符号、观念、智慧的核心，也成为操纵人类自身的有力武器。

纵观人类万年的历史、无数人的生命历程，以及当下现实生活的体验，从这样三个维度可以提炼出如下一些关键词：我是谁、何谓人、人的生活和世界、善与恶、美与丑、是与非、成与败、老与病、生与死、爱、情感、理性、恨与仇、悲与欢、离与合、时间、空间、平等、权利和义务、信仰、良知、节制与放纵、得与失、婚姻、希望和绝望、罪与罚等。

为什么这些词汇符号会如此关键？人类学的主流观点认为，今天遍布全球的人类都是起源于东非大裂谷。从走出非洲、进化为现代智人，到现在的十万年间，人类本身并没有进化。人类作为拥有同一个祖先、起源的种群，其在人心、人性、人情、人事上是相通的，人与人之间的喜怒哀乐、爱恨情仇、欲望恐惧等基本情感和认知也都是一脉相承的。而这些东西的符号化、语言化之后所呈现出来的东西，便具有涵盖所有人的普适意义。

我们发现，这些关键词的形成，经历了自然浮现、大师强化、经典传承这三个阶段。

纵横八万里、上下五千年，这些词都是全人类所共有的，是全人类所共通的重要语义空间。从最初语言符号产生，到一代代经典的文化传承，这些词汇从模糊的感觉、故事，逐渐抽象成为内涵和外延都比较清晰的文字符号。这些关键词最初是普通人的生活智慧，是普通人必然触及的话题。他们就像密林中的一盏盏灯火，不管你看到或者没看到，它们就在那里，等待着照亮有心人的漫漫前路。一代代有名的、无名的大师和巨匠们把这些关键词提炼出来，并赋予它们意义和解释，形成经典，代代流传，最终凝聚成社会共识、社会公认的关键词。

从另一个角度来讲，普通人讲的是俗语、口语，他们说的是"人话"，而大师们讲的是哲言。这些"人话"通过大师们的梳理，进而变成了具有思想性、学理性的说法。俗语背后的哲理成为贯穿诸多词汇的核心。普通人朝夕谈论的"人话"，经过一番修正、提炼后便具有了哲理意义。历代的大师把人话背后的哲理讲清楚了，又将其还原到俗语的面貌，令普通人也能听懂。关键词经历了从人类的文化海洋中浮出水面的过程，又加之历代有名、无名的大师和巨匠不同角度的阐述、定义、分析和评价，通过人类历史上的经典著作流传至今，巨匠们眼中的哲理又回到了大众中间，最终形成了它们今天的模样。

这些关键词是经过时间淘洗之后筛选出的精华。我们选取它们的另一个重要考量在于，这些词对应历史、关照现在，揭示了当下每位"地球村"村民所必须面对和解决的大大小小的问题。因为各种具体的问题都是由像上文所述的那样的关键词所定义的，它们的实质都逃不过关键词的界定范畴，它们都只不过是这些关键词在今天的世界里所投下的倒影。每个关键词都派生出了瀚若星海的现实故事，而正是这些故事，组成了我们的人生。

统而言之，关键词影响人类思维、塑造人类的观念。我们所做的，正是重

序　言

新界定、阐释和评价若干最重要的词汇，并且向大家介绍具有代表性的大师和经典观点。我们希望通过梳理，帮助人们从词语的密林中走出来，通过关键词直抵核心，更好理解人生的真谛；为所有想要提升自己、锤炼自己的人，提供一份经典导读和走近大师们的路线图。希望我们所做的这一切能帮助他们更精准地理解、看待人生的关键节点，使他们能够更好地在世界上找到自己的位置，从此拥有智慧的人生、快乐的人生、有意义的人生、不迷茫的人生。

　　果能如此，则善莫大焉！

陈　勤

2016 年 11 月

北京南郊

目 录

何谓"人" / 1
人的生活和世界 / 10
美 / 19
爱 / 26
情 / 35
幸福 / 42
婚姻 / 49
信仰 / 59
欲望 / 70
平等 / 78
理性 / 89
丑 / 99

成与败 / 109
是与非 / 117
善和恶 / 124
悲与欢 / 131
离与合 / 138
仇与恨 / 144
老与病 / 151
罪与罚 / 159
美德与恶行 / 168
希望与绝望 / 175
权利与义务 / 183
时间与空间 / 191

何谓"人"

"人",象形,甲骨文字形,像侧面站立的人形。《刘向·列女颂》中有"人具阴阳。人字左笔为阳,右笔为阴;阳清而轻,故左撇轻,阴浊而重,故右捺重;阳中有阴,故左撇先重而后轻;阴中有阳,故右捺先轻而后重。阴阳合而为人。即其字可悟也。"很多相关字的组成,也可以看出"人"字的意义。如中文里的"大"字,是在人字上加一横,可以解释为"人为大"。"人"作名词有很多意义,如同本义(human being;person)。《说文》中有:"人,天地之性最贵者也。此籀文象臂胫之形。"《礼记·礼运》:"故人者,天地之德,阴阳之交,鬼神之会,五行之秀气也。故人者,天地之心也,五行之端也,食味,别声,被色,而生者也。"又如智人(man)。如北京人;又如人,通"仁",表仁爱(charity)。《管子·侈靡》中有:"谓之好人。"《吕氏春秋·举难》中有:"故君子责人则以人,责己则以义。"

"人"就其本义,英文对应词为 human being 或 person。Human being 更着重于生物学意义上的人。Person 更强调社会意义上的人。Person 一字起源于拉丁词 persona(假面具)。在古罗马和古希腊,演员在每一次演出中,经常要扮演几个角色。为了使观众感到角色的变换,他们常备有多张面具,演什么角色就戴上什么面具。同时,古罗马的剧场一般都很大,坐在后面的观众很难听见演员的说唱,因此在面具上装一个扩音器吹口,效果就大为加强了。拉丁语中的 per 相当于英语的 through(通过);sona 相当于英语中的 to sound(讲话,发声),合在一起的 persona 便有了"通过它讲话"的意思。于是,persona 开始表示大家各自扮演的角色;后来,persona 终被用于指我们个人,拼写也变成了 person。

大师人话

马王堆墓帛书《老子》甲本
道大，天大，地大，人亦大。域中有四大，而王居其一焉。人法地，地法天，天法道，道法自然。

《旧约全书·创世记》
上帝按自己形象造了人。上帝说，我们照着我们的形象，按着我们的样式造人，使他们管理海里的鱼、空中的鸟、地上的牲畜和整个大地，以及地上所爬的一切昆虫。

上帝就照着自己的形象造人，照着他的形象造男、造女。

上帝赐福给他们，还对他们说，要生养众多，遍满地面，治理大地，也要管理海里的鱼、空中的鸟和地上各样行动的活物。

《旧约全书·约伯记》
人为妇人所生，生命短暂，多有患难。

《礼记·礼运》
故人者，天地之德，阴阳之交，鬼神之会，五行之秀气也。故人者，天地之心也，五行之端也，食味，别声，被色，而生者也。

阿奎纳
直立造就了人，有四个理由。第一，因为感官赋予人的不仅是为了获取生活必需品，为此他们在其他动物身上花费了许多时间，而且是为认识事物。因此，其他动物以感官对象为乐，只是为了填饱肚子和性行为，而只有人以感觉对象的美为乐，作为自己的目的。所以，由于感官主要在脸部，其他动物把脸朝向地上，寻觅食物，获得生活必需品；但是人的脸是直面向前的，以便通过感官，主要通过视觉——可以进一步看穿事物的差别——他可以随意观看周围的、不论天上或地上的感觉对象，从万物中得到只有用理智才可以了解的真理。第二，身体内部的力量的活动有较大的自由，大脑的活动以某种方式发挥作用，不是向下，而是抬起来，高于身体的其余部分。第三，因为如果人的体态朝着地，他需要把自己的手用作前足，因而便丧失了手的其他用途。第四，因为如果人的身体朝地，把自己的手用作前足，他便不得不用嘴衔食。因此他会有一张凸出的嘴，厚厚、粗糙的嘴和厚而粗糙的舌头，以便防止来自外部的伤害，像我们在其他动物身上所见的那样。这种样子妨碍说话，而说话则是理性的正常活动。

亚里士多德

人成为最有智慧的动物的原因是他具有手，这是阿那克萨哥拉的看法。但是比较合理的假设是手的天赋，是他具有优越智力的结果，而不是其原因。

赫胥黎

人之所以能够成为最智慧的动物，在于人与人之间有较之其他动物更为复杂的、深入的交流关系。通过这种交流，人们互相学习，共同进步。数千年来，即人类有文字记载以来，人类进步的幅度越来越大，就是由于人类之间交流形式本身在发展与进步。"只有人类有易理解而合理的言语方面的天赋。他依靠这言语的力量，慢慢堆积和整理了在其他动物和个体死亡同归于尽的经验。因此，人类到现今能远远地站在比他卑下的同辈上面，好似登在山的顶上一样。"

达尔文

人类和其他物种同是某一种古老、低级、早已灭绝了的生物类型的同时并存的子孙。

西塞罗

人与动物之间最明显的差别是：禽兽在很大程度上为感官所驱动，很少考虑过去和未来，只是为眼前而活着。但是人因为天生具有理性，他凭借理性可以知道事物的关系，看到万物的原因，理解原因和结果的相互性质，并做出类推，因而很容易审视其一生的整个过程，为生活的行动做必要的准备。

但丁

人的基本能力是思维的潜能和力量。这种力量不可能在一个人身上，或者在上述的某一特殊团体的人身上完全实现，因此只有在一批人身上，才能实现全部这种力量。就像一大批创造物，才能正确地表现初始物质的全部力量一样，否则会有一种力量不同于初始物质，这是不可能的。

荀子

水火有气而无生，草木有生而无知，禽兽有知而无义。人有气、有生、有知，亦且有义，故最为天下贵也。

孟德斯鸠

人，作为一个物理的存在物，是和一切物体一样，受不变的规律的支配。作为一个智能的存在物来说，人是不断地违背上帝所制定的戒律的，并且更改自己所制定的戒律。

柏拉图

普罗泰哥拉说过，人是万物的尺度，是存在者之存在、不存在者之不存在的尺度。

黑格尔

人，当为自己看待时，他是有限的，但是当他在自己本身中，却是上帝的形象和无限性的泉源。他是他自己本身的目的——他在自身中有一种无限的价值、一种永恒的使命。

康德

人，实则一切有理性，所以存在，是由于自身是个目的，并不是只供这个或那个意志任意利用的工具；因此，无论人的行为是对自己，还是对其他有理性者的，在他的一切行为上，总要把人认为目的。

《旧约全书·诗篇》

耶和华我们的主啊，你的名字在全地球何其美！你的荣耀彰显于天。

你因敌人的缘故，从婴儿和吃奶的口中，建立了能力，使仇敌和报仇的人闭口无言。

我观看你的手指造就的天和你所陈设的月亮星宿，便说人算什么？你竟眷顾他？你叫他比天使微小一点，并赐他荣耀尊贵为冠冕。

你派他管理你一手所造的，使万物，即一切的牛羊、田野的兽、空中的鸟、海里的鱼，凡经行海道的，都伏在他的脚下。

耶和华我们的主啊，你的名字在全地球何其美！

荷马

《奥德修记》

在一切大地上呼吸行动的生物中，人类是大地所生的最软弱无能的。当上天给他们勇气，使他们手脚灵敏的时候，他们从不想将来会遭到不幸；可是当幸福的天神们降下悲惨命运的时候，他们也只好忍受苦难。他们的心情随着人神之父宙斯对他们的态度的改变而改变。

亚里斯托芬

歌队长

尘世上的凡人呀，你们庸庸碌碌与草木同朽，好像木雕泥塑，好像浮光掠影，不能飞腾，朝生夕死，辛苦一生，有如梦幻，来听听我们鸟类的话。我们是不死的，长生不老，永存于大气之中，研究神仙之道，来跟我们学习一切玄妙道义。

莎士比亚

人类是一件多么了不起的杰作！多么高贵的理性！多么伟大的力量！多么优美的仪表！多么文雅的举动！在行为上多么像一个天使！在智慧上多么像一个天神！宇宙的精华！万物的灵长！可是在我看来，这一个泥土塑成的生命算得了什么？

帕斯卡尔

人只不过是一根芦苇，是自然界最脆弱的东西；但他是一根能思想的芦苇。用不着整个宇宙都拿起武器来才能毁灭他；一口气、一滴水就足以致他于死地。然而，纵使宇宙毁灭了他，人却仍然要比致他于死命的东西高贵得多；因为他知道自己要死亡，以及宇宙对他所具有的优势，而宇宙对此是一无所知。

叔本华

可以毫无疑问地说，人类是地球上的魔鬼，是灵魂备受折磨的动物。

尼采

人绝对不是生物的君主：每一种生物在同样完满的水平上，站在人旁边。

马克思

人是最名副其实的社会动物，不仅是一种合群的动物，而且是只有在社会中才能独立的动物。

霍尔巴赫

社会对于人的幸福是有益的和必需的，人不能独自使自己幸福；一个软弱而又充满各种需要的生物，在任何时刻都需要他自己所不能提供的援助。只有靠他的同类的帮助，他才能抵御命运的打击，才能补偿他不得不尝到的肉体上的苦难。依靠别人的鼓励和支持，人的技巧才能得以发挥，人的理性才能得以发扬，人才能够反对道德上的恶，恶只不过是他的无知和偏见的结果。总之，像人们说过的，人乃是自然中对人最有益的东西。

荀子

人之所以为人者，何也？曰：以其有辨也。饥而欲食，寒而欲暖，好利而恶害，是人之所生而有也，是无待而然者也，是禹、桀之所同也。然则人之所以为人者，非特以二足而无毛也，以其有辨也。夫禽兽有父子而无父子之亲，有牝牡而无男女之别，故人道莫有辨。

恩期特·卡西尔《人论》

人是符号动物。

小 结

本书作者认为人之所以为人，他首先是情商与智商结合的智慧生物，他是会创制使用符号的符号生物，他是无法离开群体的社会生物，他是包含着一切丑恶的可能却保持着道德感的道德生物。

《红楼梦》里有句话叫"世事洞明皆学问，人情练达即文章"，其中的"世事洞明""人情练达"其实可以与人的"智商""情商"对应。当然不是每个人都可以做到这两点，但或多或少都能做到一些。人是智商与情商结合的智慧生物。人的智商与情商正如西塞罗《论义务》中所说，是"人可以看到万物的原因"。人的智慧是可以通过理性去发现万物之间的关系并为自己所用，远古的人发现兽类怕火，便用火驱赶兽类；发现有四季的变迁，便利用节气种植作物。在人类的童年时代，远古人类衣不蔽体，食不果腹，但却利用自己那点懵懂的、原始的、淳朴的"智"，与自然博弈，最终繁衍发展。人类走出蒙昧后，便迎来了人类的理性大爆炸，这便是雅斯贝尔斯所称的轴心时代。在北纬25°至35°区间，在公元前800至公元前200年之间，尤其是公元前600至前300年间，人类各文明群星璀璨——古希腊有苏格拉底、柏拉图、亚里士多德，以色列有犹太教的先知们，古印度有释迦牟尼，中国有孔子、老子等。而现今人类"智"的水平便不用赘述，以至于有历史学家认为，人类若要更好地发展，是要实现对"智"的控制。人类面临的问题，不再是"智"的追求，而是它的发展速度和结果，超出了人类的自身的控制能力。第二次世界大战两个原子弹的爆炸，温室效应和冰川融化，臭氧层空洞，人类因为无限扩大的"智"在自食恶果。而智慧生物的另一面，就是情商，从小了看，它可能只是"人情练达"，人是社会生物，特别是在中国社会，人情世故或许可以成为登人生顶峰的最后一阶，或许可以是人生低谷的最后稻草。但从大了看，它可以是最高智慧。人类需要戒除自身的虚妄和对于未知的敬畏，人类需要控制自己的欲望人类需要对于弱者的关怀，人类需要对于自然的尊重，人类需要对于生命的感悟。这不是依赖于人的"智商"，而是依赖于人的"情商"。总而言之，人是智商与情商的结合，人作为万物之灵体现在人的智慧。

　　同时，人是符号生物。符号，让世界不再混沌。最初的结绳记事，让超出人类记忆时间的记事成为可能。当然，人类并没有止于这一步。绳上的大结变成了"○"，小结变成了"△"，于是，"符号"一种有意义的形式便横空出世。不论是具体的太阳，还是作为过程的太阳东升西落，还是表达感觉的"阳光让人温暖"，还是表达象征意义的"男人为阳"，人类都可以创制相应的符号，并以此建构它们之间的关系。于是，整个现实世界开始变得明朗清晰、条分缕析。同时，人类在现实世界的基础上，还创造了符号世界。拿绘画艺术来说，远古人类留下在岩壁上红色的牛群，或陶器上质朴的舞蹈场面，或青铜器上狰狞神秘的饕餮纹，它们都是作为符号本身的实用性而存在。而绘画发展至今，不论是蒙娜丽莎神秘的微笑，还是凡·高《星空》中的迷离，符号都成为人追求"美"的手段，人通过符号表达自身的愉悦。人因把世界符号化而生存，又在符号世界中发展自身。

　　再者，人是无法离群索居的社会生物。如马克思所言，人是最名副其实的社会动物，不仅是一种合群的动物，而且是只有在社会中才能独立的动物。人首先得依赖社会，才能得以生存。同时，人需要依赖社会的教化，即在社会化的过程中，才能成为社会人。这里我们可以举狼孩的例子，世界上已知由狼哺育的幼童有10多个，如果从生物学的角度看，狼孩具有人的基本生物特征。但由于狼孩脱离人类社会，刚被发现时，他们生活习性与狼一样。他们用四肢行走，在白天睡觉，晚上活动。他们只有最基本的生存活动，只知道饿了找吃的，吃饱了就睡。他们没有人类的饮食习惯，不吃素食而只吃肉，食物不用手拿，而是放在地上用牙齿撕开吃。当然他们不会人类的语言，每到午夜后像狼似地引颈长嗥。从中可以看出，人不是生而为人的，人需要通过社会塑造成人。

最后，人是道德生物。孟子曾说："人之所以异于禽兽者几希，庶民去之，君子存之。"人与禽兽的差别，虽然孟子在这里没有给出明确的答案，但我们或许可以用反例给出答案，有些子女不养父母，人们也说他禽兽不如。这说明什么呢？人是否为人，还有一定的道德标准。如果一个人连最基本的道德底线都没有，他会受到群体的排斥。于是为了可以与所在的社会融合，人或多或少都保持一定的道德感。在此不去涉及争论已久的"性善论""性恶论"，但为了不自绝于人民，一个人必须保持一定的道德感，这是事实判断。

人是智慧生物、人是符号生物、人是社会生物、人还是道德生物，但人更是它们四个的合体。因为人是智慧生物，人才有创制符号的可能。而创制符号，利用符号跨时空地交互，所以又使社会得以发展和运行。社会的形成，就要求社会成员具有最基本的认同和共识，这就形成了一个社会的道德。这四个因素相互作用，人是四个因素的合体，人便成为人。

经典导读

阿奎纳《神学大全》

亚里士多德《动物构造》

赫胥黎《人类和下等动物的关系》

达尔文《人类的由来及其性选择》

孟德斯鸠《论法的精神》

柏拉图《泰阿泰德》

黑格尔《历史哲学》

荷马《奥德修纪》

帕斯卡尔《思想录》

叔本华《基督教体系》

尼采《反基督》

马克思《〈政治经济学批判〉导言》

霍尔巴赫《社会体系》

人的生活和世界

引 言

《圣经·旧约》说，人为妇人所生，生命短暂，多有患难。他如花而来，又被割下，飞去如影，毫不存留。人生下来，活着，然后死去——出生、入死之间的过程，就是人类的存活的过程。

据说"生活"一词最早出现在春秋时期。《文子·道德》记载："老子曰，自天子以下，至于庶人，各自生活，然其活有厚薄。"意思是，从天子、贵族到老百姓，都有自己的存在方式，但活得好不好，那就是各有各的情况了。显然，老百姓比王公贵族活得差多了，所以叫命薄、福薄、活得"薄"。

人存在的时空，是人类的世界。"世界"是我们日常生活里使用极为频繁的一个词。它最早并不是汉语，而是来自佛教。"世界"的最初意义就是时间和空间——"世"是时间概念，"界"是界限，就是空间概念。

《楞严经·卷四》写道："何名为众生世界？世为迁流，界为方位。汝今当知，东、西、南、北、东南、西南、东北、上、下为界；过去、未来、现在为世。"《名义集·卷三》有语："间之与界名异意同，间是隔别间差，界是界畔分齐。""世界"和"世间"曾经是一个意思，但前者在汉语的意思逐渐去宗教化了，比如现在提到世界，我们一般理解为自然界和人类社会的一切事物的总和。

人的生活和世界

大师人话

荷马
可恶的肚皮，你能瞒过它的饥饿？
它带来多少不幸的日子！
人们配备坚实的船舰到波涛汹涌的海上——给别人带去灾难，
就是为了肚皮要吃饭。

索福克勒斯
歌队：一个人最好是不要出生。一旦出生了，就退而求其次：从何处来尽快回到何处去。等他度过了荒唐的青年时期，什么苦难他能避免？嫉妒、决裂、争吵、战斗、残杀一类的祸害接踵而来。最后，那可恨的老年时期来了，衰老病弱、无亲无友，那时候一切灾难中的灾难都落到他头上了。

贝达
一位大臣对国王说：人的现在生活与未来生活相比，犹如一只麻雀迅速飞过，您与您的将军和大臣冬天坐在一起吃饭的那个房间。房子中间有盆火，而此时屋外风雪交加。那只麻雀从一个门飞入，立即又从另一个门飞出，它在屋内躲避寒冬的风暴。但是天气稍微暖和时，它便立即从您眼前消失，飞入它原先的那个冬夜里。人生也是如此短促，但是我们对以前已经发生的和以后会发生的事情一无所知。

路德
世界像一个喝醉酒的农夫。如果你把他从一边扶上马鞍，他会从另一边摔下去。不论人们怎样努力，都无济于事。他需要的是魔鬼的帮助。

蒙台涅
你能够设计和控制自己的生活吗？那你已经做了最伟大的工作。

莎士比亚
路易：生活就像一段重复叙述的故事一般讨厌，扰乱一个倦怠者懒洋洋的耳朵。

莎士比亚
全世界是一个舞台，所有的男男女女不过是一些演员，他们都有下场的时候，也都有上场的时候。

塞万提斯
下棋的时候，每个棋子都有它的用处，下完棋就都混合在一起，装在一个口袋里，这就好比人生一世，同归坟墓一样。

培根
如果在自然的普遍结构中处于中间位置，那么人所居住的地球不过是一个蚁冢。有些蚂蚁运送谷物，有些抚养幼蚁，有些无所事事，大家在小土堆上来来去去。

帕斯卡尔
如果最后一幕若是悲惨的，那么无论全剧的其余部分多么美好，我们最后却把灰土洒在头上，于是它就只好永远如此。

蒲柏
看那些孩子们，大自然用仁慈的规律，
用拨浪鼓引他们高兴，用稻草使他们痒痒。
一些快活的东西给青年人欢乐，有点花哨，却无比空虚；
绶带、勋章、财富，使成年人兴奋；

念珠和祈祷书是老年人的玩具。
与从前一样,他们满足于这种华而不实的东西,
直到他疲倦地睡着了,生活的可怜游戏才结束!

斯特恩

人生是什么?它不是从一面变成另外一面吗?——不是从悲伤到悲伤吗?——锁住了不幸的一个原因,另一个不是又松开了吗?

伏尔泰

人在母亲的怀里时是植物状态,在孩提时期是纯粹动物状态,从这些状态发展到理性开始出现的成熟时期,需要二十年。稍微了解其结构,需要三千年。要了解自己灵魂中的某种东西,需要无限的时间。但是杀死他,只需一刹那。

简·奥斯汀

班奈特先生:人生在世,要不是让人家取笑,回头来又取笑别人,那还有什么呢?

叔本华

人类生活必定是某种错误。

爱默生

生活只是聪明人的喜庆日。而从角落里走出的人和小心翼翼扶着烟囱壁的人,他们衣衫褴褛、如履薄冰。

迈尔维尔

人类都是生活在捕鲸索的包围里。人类都是天生就在脖子上套着绞索的,只不过等到突然让死神倏地捉住了,人类这才体会到生命那种悄然而来却又永远存在的危险。

威廉·詹姆士

　　谁能够确定,生活和理解生活,哪一个绝对好?我们必须做出选择,一把剪刀只能用一面刀刃剪东西。这是对一个人的最大限制了。

桑塔亚那

　　值得存在的生活最需要假设,如果不假设,就不可能有结论。

桑塔亚那

　　没有任何东西比渴望生活、渴望以任何方式生活更卑鄙。具有荣誉的人,情愿只以自己的方式生活,具有智慧的人并不过分渴望生活。

小　结

　　时间和空间是衡量人类生活的两把尺子。"世界"正是人类认同自己存在的参照物。人类的存在就是人类的生活。"生活"和"世界"是两个相互依存的概念。没有生活,便没有世界的概念。如果没有世界,人类也无法找到自己的生活,因为人类的生活正是从认识世界开始的。如果不进行时空的定位,人类便无法找到自己生活的坐标。

　　人类的"生活"与"世界"的关系,是一个典型的"鸡生蛋、蛋生鸡"的关系。我们无法把它们按照重要性排列,但我们不得不按照某种顺序来交叉说起。

　　世界是一切人类能认识到的人工与非人工的存在物的总和。没有人能说清楚世界的限度,就像无人能讲出他所不知道的东西。对于人类来讲,"出生"和"入死",是生活的线段上最重要的两个端点。"出生"让人来到这个我们能够用情感和理智去衡量的世界,让我们体会到人世的生活,以及作为人的存在感。"入死"就是我们这样的生物不得不离开这个世界,因为作为人的存在,已经无法在这个无比熟悉的时空里找到定位了。

出生入死是生活线段上的最重要两个端点，但只有狂妄的人才敢言之凿凿地声称这是"存在"的唯二端点。拥有宗教信仰的人们更拒绝承认生活只是一条由生和死作为端点的线段。

宗教的观点无法回避。各大宗教无不坚定地认为有许多个世界存在。"世界"的来源，佛教认为有地狱、有人间、有西方极乐世界。人度完人间的蜜月之后，就要面临"阶层的分流"——不是上天堂，就是下地狱。至于人类生活其中的人间世界，托马斯·布朗爵士在《宗教沉思》里异常残酷地讲的一番话："就这个世界来说，我认为它不是一家客栈，而是一所医院；它不是一个生活的地方，而是一个死的场所。"

显然，这种人来到这个世界的目的就是等死的调调，并不能让所有人满意，也很难全部满足我们探究世界本质的渴望。宗教神学的论断尽管充满光环，但也不能回答关于世界的全部问题。

人类只能获得他们所能获得的理性，只能拥有他们所能体会的感受。因而，对于人类从哪个世界来，到哪个世界去的问题，无论是有神论者，还是无神论者，都纠结了太久。时至今日，仍然无法通过凡人的推理逻辑方法来证实和证伪彼此的信念。或许人类永远不可能揭示其中的奥秘，除非到了某一天，"人"不再作为人类的形式存在，那时候"人"便会得到另外的名字。

停止了没有结果的哲学争论，或许从形而下的角度来看，世界也并不仅仅只有一个。很实际地来说，从很多角度都可以得到对世界和生活的看法。法兰克福学派的旗手、社会学家哈贝马斯认为，人类面对的有三个世界：客观世界、社会世界和主观世界。

客观世界，指的是真实存在的"客体"世界。社会世界，是合法化的人际关系的"总体"，具体来说是无形的社会规范、价值观，以及其他被认识到的社会期望。主观世界是人们"自发的经历"所汇总形成的世界。社会世界和主观世界都是无形的世界，看不到、摸不着，就像气氛、像感觉、又像阳光、像空气，无时无刻不在塑造、影响着俗世生活。人可以拒绝承认，也可以意识不到，但这就是那只左右人生的无形大手。

人类无时无刻不存在于这三个世界的重叠之中。这三个世界完全不同于拥有某些端点的线段，而是就像彼此交融的一个整体。对人类来讲，生活就同时发生在三个世界的重叠时空中。就像人穿梭在一个充满阳光、空气、声音的宴会厅。如果这样一个宴会厅的结果产生了欢乐的气氛，那么人类的生活就是快乐的。但一切气氛或者说某个节点上生活的状态——生活的结果，都取决于所在的时空正在重叠着哪些元素。

人类生活依赖于对世界的认知，对世界的认知本身也是人类的生活。人类依靠有限的理性、认知、感觉来体会自己的生存环境，不论是有形的还是无形的，都依赖于人类不那么靠谱的心智。在这种认识过程中，人类会不断自我强化所得出的结论，并且把这些结论保存下来，称之为"知识"。至于认识世界的起点和方法，则常常被遗忘得一干二净。

人的心智开通与否，对人类生活和人类的世界影响至关重要。柏拉图在《理想国》中，记述了自己的老师苏格拉底和克劳孔的一番对话。苏格拉底用一个形象的故事来做比喻：人类生活在地洞里，洞口朝向光亮，微弱的日光自洞口而入。人们自幼生活在这里，他们的腿和脖子被锁链拴着，头不能移动，只能看到前面的东西，也无法转头向后看。他们的后上方有一堆火，远远地发出光亮，在火堆与囚徒之间有一道隆起的道路，有长长的路上建立起来的矮墙，木偶在其前面表演。被囚禁的人们所能看到的唯有木偶的影像。

这种"对他们来讲，真理不过是影像"的世界观——人们对世界的认识，就是人们所生活的世界。人喜欢拼尽全力去维护一个他们觉得稳定的生活和世界观。生活是建立在世界观上面的，从某种意义来讲，人类的一切生活都建筑在观念之上。人们维护的并不是生活的悲欢离合、每天的柴米油盐，也并不是世界的和平或动乱，人们维护的只不过是他们对世界和生活的观念。

人类的世界往往屈从于自己的眼睛和耳朵。洞穴做成的监狱沟成了视觉的世界。有阳光的洞口之外，是另一个世界。在苏格拉底的言论中，还有后一段的暗喻：当洞穴中的囚徒们之中有人被解放了，他可以环顾看到光亮，但光亮让他不舒服，远没有以前看影像的时候舒服。若此时有人告诉他，他以前所见皆是虚幻，而现在他比较接近真实的存在，他就会经历痛苦的混乱、迷惑和纠结。

如果人类足够幸运，突破了某种极限的他将能看到太阳，能看到水中自己的倒影，而且可以看见自己真实的样子，他将思考自己本身的情况。当他回想自己过去的居住地——洞穴中的智慧、知识，以及津津乐道洞中生活的狱友时，他难免会被自己的清醒震惊，怜悯狱友的命运。而在此之前，人类只能在眼前的世界——洞穴中，找到自己的生活，延续自己的存在。

向着阳光的旅行，是普通人的精神上升到智慧世界的过程，是非一般的生活体验。不过，即便是走出洞穴看到了第一道阳光，人类也不能夸口他的智慧，因为人类只不过是在现有的世界里转圈圈而已。用上帝的土造苍蝇，这或许是人类现实生活的极限。因为这可能是人类探索世界的最高境界，是人无法突破的时空坐标。

如果说有限理性是一种画地为牢，那么没准无神论者不太会关心到这种对世界和人类生活的界定。对很多现世主义者（不是现实主义者）来说，罗马皇帝马克·奥勒留的话可以作为一个最好的总结。

"在人类生活中，时间刹那而过。人们的（或者说生活的）本体是处于一个流动状态中。知觉是昏钝的，整个肉体的构成是容易腐朽的。至于灵魂，是一个倏然即逝之物，运气是很难预料的，名望是缺乏见识的东西。总而言之，属于肉体的一切是一种流，属于灵魂的一切则是一场梦和一团气。人生是战争和旅行者的逗留，身后之名会被遗忘。"

经典导读

荷马《奥德修纪》
索福克勒斯《俄狄浦斯在科罗诺斯》
路德《炉边谈话》
蒙台涅《散文集》
莎士比亚《约翰王》
塞万提斯《堂吉诃德》
叔本华《存在的虚妄》
蒲柏《论人》诗简
荷马《伊利亚特》
培根《学术的进展》

帕斯卡尔《思想录》
伏尔泰《哲学辞典》
简·奥斯汀《傲慢与偏见》
爱默生《英雄主义》
迈尔维尔《莫比·迪克》
威廉·詹姆士《几个哲学问题》
桑塔亚那《教条的时尚》

美

美（beauty；fine），作形容词时共有十一种含义。会意。金文字形，从羊，从大，古人以羊为主要副食品，肥壮的羊吃起来味道很美。本义是"味美"，如《说文》："美，甘也"。明代刘基的《诚意伯刘文成公文集》中："食必珍美。"也有形貌好看、漂亮之意，如《诗·鄘风·桑中》中："美孟姜也。"或者《战国策·齐策》中："我孰与城北徐公美？"也有美好之义，《荀子·王霸》有："其民愿，其俗美。"陶渊明《桃花源记》中有："芳草鲜美。"韩愈《杂说》中有："才美不外现。"

大师人话

柏拉图

美，肯定是柔和的、平滑的和不生硬的东西，并因此具有一种特性：很容易进入和渗透我们的灵魂。我确定地认为，善就是美。

亚里士多德

善与美是不同的（善常常以行为为主，而美则在不动的事物身上也能见到），那些断言数理科学完全不涉及美或者善的人，是错误的。因为数理科学大量涉及美与善，并为它们作了许多证明。假使这些科学并未直接言及美或善，但它们为美、善有关定义或结论所涉及的事情作过实证；那么说它们没有告诉我们一丝一毫有关美与善，就是不真实的。美的主要形式是秩序、匀称和明确性，这些是数理科学特别长于证明的。又因为这些（如秩序和明确性）

显然是许多事物的原因,数理科学自然也必须研究到以美为因的这一类因果原理。

西塞罗
有两种类型的美,在其中一种中优美占支配地位,另一种则以尊严为主。关于这两种美,我们应该认为优美是女子的特征,而尊严则属于男子。

普洛提诺
所以我们必须承认,就连在人体方面,与其说美是在对称本身,还不如说在通过对称而放射出光辉来的某种因素,正是这种美才显得可爱。否则,为什么活人的面孔上显出更多的美的光辉,而死人的面孔尽管原形还未腐损,却只剩下很少美的遗痕呢?

阿奎纳
美有三个要素:第一是完整和完美,凡是不完整的东西就是丑的;其次是适当的比例和谐;第三是鲜明,所以鲜明的颜色是公认为美的。

蒙台涅
意大利人认为魁梧和丰满是美,西班牙人则以瘦削和单薄为美。在我们之中,一些人认为白皙美,另一些人认为黝黑美;一些人爱温柔与纤细,其他人则喜欢强壮和粗放;一些人要求优雅与和蔼,别人则要求雄伟和壮观。甚至于在美的偏爱上,柏拉图将美归于圆球形,而伊壁鸠鲁派则宁愿以角锥形或方形为美,不能接受上帝置身于球形之中的形象。

莎士比亚
对天生的美好事物我们要求蕃盛,以便美的玫瑰永远不会枯死。
但开透的花朵既要及时凋零,就应该把记忆交给娇嫩的后嗣。

伏尔泰

如果你问一个雄癞蛤蟆：美是什么？它会回答说，美就是它的雌癞蛤蟆，两只大圆眼睛从小脑袋里突出来，颈项宽大而平滑，黄肚皮，褐色脊背。如果你问一个几内亚的黑人，他就认为美是皮肤漆黑发光，两眼凹进去很深，鼻子短而宽。如果你问魔鬼，他会告诉你美就是头顶两角，四只蹄爪，和一个尾巴。最后，试请教哲学家们，他们会向你胡说八道一番，他们认为美必须有某种符合美的本质原型的东西。

休谟

美是各部分之间的这样一种秩序和结构；由于人性的本来的构造，由于习俗，或是由于偶然的心情，这种秩序和结构适宜于使心灵感到快乐和满足，这就是美的特征，美与丑（丑自然倾向于产生不安的心情）的区别就在于此。所以快感和痛感不只是美与丑的必有的随从，而且也是形成美与丑的真正的本质。

孟子《孟子·尽心下》

可欲之谓善，有诸己之谓信，充实之谓美。

荀子

君子知夫不全不粹之不足以为美也，故诵数以贯之。

刘安

美之所在，虽污辱，世不能贱；恶之所在，虽高隆，世不能贵。

管子《管子·五行》

人与天调，然后天地之美生。

《论语·颜渊》

君子成人之美，不成人之恶，小人反是。

王充

美色不同面，皆佳于目；悲音不共声，皆快于耳。

小　结

　　美，这个词如今更多用来形容女性。骨感为美、白皙为美、高挑为美，女人们被这"美"的观念所影响，减肥成为流行词，美白成为必修课，高跟鞋成为必需品。这个社会有多浮躁，"美"便有多浮躁。人们有多狭隘，美便有多狭隘。女人之美，其实只是美在某个层面中的某个部分。更广义上的"美"往往被人忽略。

　　首先，美不是从来就有的。

　　原始人类同样能置身于山间河流瀑布中，原始人类也会看到太阳穿过云层的第一束晨光，原始人类甚至已经会创造我们认为有原始古朴美的陶器、项链和头饰，但他们可能是没有"美"的体验的。他们置身于大自然中，要提防野兽和灾害。他们在晨光中苏醒，却在没有刻度的时光中混沌着。他们穿戴兽皮是为了防寒，他们舞蹈歌唱或是为了祈雨或是问天行事。他们所做的每一件事，都是绝对实用的，而不是虚无的。如果世上不缺乏美，而是缺乏发现美的眼睛，那么原始人就是这个意义上的盲人。

　　首先，美是一种直观的感受，而这感受的产生需要一定的物质基础，所以美是奢侈品。当陶器上的图纹不再仅仅是祭祀场景的描绘，当青铜器的狰狞不再具是威慑性的神秘，当舞蹈歌唱完全是发乎其心，美的观感便被开发出来了。但什么是美成了接下来的选择题。

　　《圣经》上写，上帝按自己的形象造了人，上帝往泥人的鼻孔里吹了一口气，有了灵，人就活了，能说话，能行走。其实，如果我们反过来想，人是按自己的形象创造了上帝。人认为上帝一定也是一对眼睛，鼻子必须居中，一对耳朵和对称的四肢，上帝是对称的、匀称的。人是多么自恋呀，用自己的形象创造了上帝，并认为这样的对称和匀称才是美。

我们无法解释在没有交流的情况下，绝大多数文明选择了同样的审美乐趣——对称美。这或许只有一个原因，这种美的标准来自于人自身。人首先学会了爱自己，爱自己存在于这个时空的实体——人体，并抽离出它的特质，以此来看待这个世界，用它的标准来创造新事物。于是，人类始初创造的绝大部分事物都有了中轴线。因此，如果人体不对称，上帝也会不对称。

人的本能是趋利避害，美的选择也是人趋利避害的选择，是一种价值判断。人以"对称"为美，因为这样不用否定自己，这对自我生存最有利。中文中"美"，从羊，从大。因为古人以羊为主要副食品，而肥壮的羊吃起来味很美。"美"本义是"味美"。再换个说法，肥壮的羊吃起来"好"吃。"美"也同"好"。远古时期，女人以丰乳肥臀为美，其实是以丰乳肥臀为好。因为这样的女人好生养。一切让人感觉不安的、紧张的、恐惧的，让人有损害的，都不会让人感到"美"；而让人愉悦的、舒畅的、有利的，成为"美"，就如有个词叫"美好"。

人创造了时钟，便用刻度规划生活。人趋利避害选择了"美"，用"美"来行事，这是一个双方互激的过程。3000年前的爱琴海城邦林立，每个城邦既要防止自己被占有，也觊觎着其他城池。为了应对大大小小的战争，公民就必须身强体健。青年人的主要精力和时间都用在了训练场上，角斗、跳跃、拳击、赛跑、掷铁饼，每个青年和整个社会都以最结实、最轻灵、最健硕的身体为"美"、为"好"。这无疑刺激了古希腊人很多的价值判断、信仰和艺术创作。于是，古希腊人崇拜人体，认为人体和性都是自然之创造，不加修饰的自然就是美。于是，裸体在当时并不是禁忌。古希腊历史学家普鲁塔克曾记述当时少女们裸体参加运动会的情景时说："尽管少女们确乎是这样公开地赤身裸体，却绝感不到有什么不正当的地方。这一切的运动都充满嬉戏之情，并没有任何的春情。"古希腊人因坚信人是自然最美的造物，便把神人化，赞美神就是赞美人。也因为对人从身体到精神的肯定，古希腊成为人文主义的发源地。

当然，就现代人看来，古希腊人对裸体、对性都过于开放。其实，反过来想，是现代人过于保守和有过多的羞耻感。前段时间，某电视台的节目中，还将现场展出的米开朗基罗的著名雕像大卫的生殖器部位打上了马赛克，引起了很大争议。其实，我们无法评价谁的审美情趣高，谁的审美情趣低。审美，就像国家的内政,也是一个民族、一种文明的内部问题。具体到每个人,它也是极其个人的选择。但它又不应该等同于内政,它的基础是每个群体的历史文化和风俗,最终落脚到每个人的个人选择。因为美终究是价值判断,如人饮水,冷暖自知。在一个开放社会,在一个女人不用裹足束胸、男人不用被逼上战场的时代,美的选择更应该趋向于个人。这同样来源于古希腊,因为人才是自然最美的造物!

其实,人性是相同的。即便有人认为男人妖娆、女人雄壮也可为美,即便文化艺术已经发展到了后现代时期,"解构""荒诞""不规则"成为了美,但有些美的选择还是有共同之处。就像之前人类共同选择了对称为美,不同时代、不同地域的思想家、哲人们也共同选择"以善为美"。孔子讲"尽善尽美",苏格拉底认为"善就是美"。"善"的概念,以及不同时代不同文明的差异,在此不细说。但在笔者看来,它们都是那个时代社会最大的"好"——也是整个群体生存发展的最大公约数。于是,"善"就是"美"。不同文明、不同种族的人都提倡"善"为"美",如"伸张正义""救济穷苦"是善行,也就为"美"。如果用一个应景应时的说法,善行就是正能量,也就是美。

仓廪实而知礼节,衣食足而知荣辱。"美"和"礼节""荣辱"一样,是在一定物质基础上衍生的观念。人不能把它神化,更不应该被它左右。就如减肥这件事,你可以因健康需要减肥,不因简单地愉悦他人的眼睛而减肥。除了最基本、最共同的"善",美的其他层面都应该是个人选择,因为人是万物的尺度。

经典导读

柏拉图《李思篇》

亚里士多德《形而上学》

西塞罗《论义务》

普洛提诺《九章集》

阿奎纳《神学大全》

蒙台涅《散文集》
莎士比亚《十四行诗》
伏尔泰《论美》
黑格尔《美学》
休谟《论人性》
李厚泽《美的历程》

爱

引 言

有人存在，便有爱的存在。《尔雅》说："惠，爱也"。爱是一个非常古老的字，早期金文为 ，（欠，一个人张着嘴巴，表示呵气或喃喃倾诉），（心，同情、疼惜）。造字本义：用心疼惜呵护，并喃喃倾诉柔情。晚期金文 加手形，像一个呵气的人（），伸出手（），捧着心（），表示将对方放在自己的心上。早期篆文 将金文呵气的人 写成 。晚期篆文 误将金文的手形 写成倒写的 。隶书 又误将篆文的 写成 ，至此"爱"的字形中"欠"（温柔的呢喃）不见了。俗体楷书 爱 根据草书字形 将正体楷书 愛 三点一句的""连写简化成一横 。爱的造字本意是"疼惜呵护，倾诉柔情"。《说文解字》中，"爱"为行走的样子。字形采用"心"作边旁，采用""作声旁。

英文中的爱有 love，拉丁语中的 amor benevolentiae 等，和中文类似，也表现了爱的多个种类，比如上帝之爱、博爱、人间大爱、男女之爱、同性之爱、对事业的爱、对理想的爱。爱是人类最丰富、最原始，也最重要的情感。

大师人话

苏格拉底
爱人的心灵从不会摒弃美丽的意中人。他敬她在一切人之上，他忘记了母亲、兄弟、伙伴，不在乎别人的冷眼和丧失财产。曾经一度引为自豪的生活中的繁文缛节均已经不在他眼中。只要能靠近心中的妙人，他可以像仆人一样随便睡在什么地方。她是他顶礼膜拜的偶像，是唯一能治愈他剧痛的医生。

柏拉图
只有拥有高尚目标的爱，才是崇高的、值得赞美的。

亚里士多德
被爱意味着对一个人的品质有了评价。

西塞罗
我们通常称之为爱情的那种热情（苍天原谅我，我一时间找不到别的名词）如此平常，乃至我认为没有任何东西可以与之相匹配。

维吉尔
爱情征服一切，我们必须屈从爱情。

维吉尔
爱不仅属于人这威严的种族，
还属于翱翔于天空、潜游于海底、追逐于荒原、投身于火焰之辈，
包括一切生灵。
因为爱情主宰一切，对众生平等。

普罗提诺

那种爱人之美而不存有肉欲的爱,那些以自我永存为目标而有肉体关系的爱(当然是指对妇女),都是好的,虽然前者更为高尚。

奥古斯丁

如果我们是禽兽,便会爱肉欲、性欲充斥的生活,为之感到心满意足。肉欲和性欲满足之后,便不会再寻找其他东西。

莎士比亚

一个人明明知道沉迷在恋爱里是一件多么愚蠢的事情,但在讥笑他人的浅薄无知之后,偏偏会自己打自己耳光,照样跟人家谈起恋爱来。

莎士比亚

奥赛罗:可爱的女人!要是我不爱你,愿我的灵魂永坠地狱!当我不爱你的时候,世界也要复归于混沌了。

塞万提斯

堂吉诃德:她凭我来厮杀得胜,我靠她来生存活命;她是我的命根子,有了她才有我这个人。

笛卡尔

当我们爱自己甚于爱他人时,对他人无非是关心而已;当我们爱他人如同爱自己时,便是所谓的友谊;当我们爱他人甚于爱自己的时候,这种热情便可称之为忠诚。

斯宾诺莎

爱是为一个外在原因的观念所伴随着的快乐。

孟德斯鸠

我们与女性联系的基础是享乐的欢愉,爱与被爱的幸福和取悦于夫人们的野心。女人是构成个人荣誉的某些东西的最好评判,这种取悦女人的普遍愿望产生了。殷勤不是爱本身,而是爱的精致的、快活的、永恒的刺激物。

休谟

在人的心灵中,没有别的感情比得上人类之爱。没有其他感情比它更独立于个人品质、义务或者与我们的关系的了。可以肯定,人或者人性,仅仅是爱与恨的对象,并寻找其他原因,通过印象与思想的双重关系,这原因便可以激发爱或者恨。

伏尔泰

爱是如此多种多样,乃至人很难给它下定义。"爱"这个字眼被大胆地用于只持续几天的、没有尊敬成分在其中的感情,对女性的殷勤、冷淡的习性,以及先有趣后无聊的浪漫幻想。

亚当·斯密

虽然我们知道爱是一件很自然的事,在一定年龄阶段能够原谅它。不过人们总要嘲笑它,因为我们绝不可能身临其境。

布莱克

爱情只想满足它自身,
束缚人也出于自娱的愿望,
它高兴看别人失去宁静,
建一座地狱来对抗天堂。

马尔萨斯

世界存在五六千年以来,从未有过毁灭两性间热情的行动。在各个时代里,人们在垂垂老矣的时候对他们自己已经感受不到的感情横加指责,这如同指责成功一样毫无道理。

几乎没有人一旦经历过有道德的爱情的无与伦比的欢愉之后，不把它作为生命中阳光灿烂的一段时光来回忆的——不论这爱给他心智上的欢愉有多大。

拜伦
爱情在年轻时期就学会了虚伪。

济慈
茅屋中的爱情有水和面包皮，
这不过是——原谅我，爱神——炭渣、尘埃、灰土。
宫殿中的爱至少，
比茅屋的清贫更富有令人悲伤的痛苦。

黑格尔
所谓爱，就是意识到我和某一个人的统一，使我不专为自己而孤立起来。相反的，我只有抛弃我独立的存在，并且知道自己是同另一个人和另一个人同自己之间的统一，才能获得我的自我意识。但爱是感觉，即具有自然形式的伦理。在国家中就不具有这种感觉了，在其中人们所意识到的统一是法律。爱制造矛盾并解决矛盾。作为矛盾的解决，爱就是伦理性的统一。

陀思妥耶夫斯基
积极的爱和幻想的爱相比，原是一件冷酷和令人生畏的事。幻想的爱，急于求成，渴望很快得到圆满的功绩，并且引起众人注视。有时候甚至肯于牺牲生命，只求不必旷日持久，而像演戏那样轻易实现，并且引起大家喝彩。对于积极的爱——那是一种工作和耐心，对于某些人也许是整整一门科学。

弗洛伊德
唯有爱才是促进文明的因素，因为它使人从利己主义走向利他主义。这不仅是指以遵守所有不损害女性所爱之物的义务而表现出来的对女性的性爱，而且还指在共同工作中建立起来的对其他男人的非性欲的、崇高的同性爱。

当爱情关系达到最高点的时候，不会为周围世界留下任何利益空间。对一对恋人来说，有他们自己就够了，甚至不需要通常认为的能使他们幸福的孩子。在其他任何情况下，爱都不会如此公然地违背他的行为核心，它是百里挑一的目标。

小　结

爱作为人类最崇高、最美好的情感，是古今中外一切文艺作品和艺术的永恒主题。无论是希腊罗马神话，还是中国上古的传说，不论是海洋商贸文明，还是黄色农耕文明，爱都是被人类反复歌颂的主题。

爱作为一种神秘的情感，既每时每刻存在于我们的时空里，又虚无缥缈得让人不能够把它像手杖那样牢牢握在手里。人们对爱的看法和对金钱的看法类似。有人说它是幸福的源泉，也有人说它是罪恶的深渊。

就以爱情为例，大师之间一直争论不休。托尔斯泰说："爱是人唯一有理性的行为。"他坚信，爱是幸福的源泉，有了爱，人类才能找到生存的意义。而在各种不同的爱里面，那种解决了人生中所有矛盾、能赐予人们最多好处的感情，就叫爱情。

悲观派的代表当属培根。他曾专门写了一篇大作讨论"爱"。他认为，戏剧中的爱都是现实中不可能实现的。为了安慰人们脆弱的心灵，所以才编出成人童话。在培根眼里，舞台比人生给了恋爱者更多安慰。因为在舞台上，"恋爱"可以作为喜剧和悲剧的长期素材；但在人生中，"恋爱"只能招致祸患。"她有时候如一位惑人的魔女，有时候似一位复仇的女神。"

尽管爱情是爱中最令人津津乐道的一种，但爱情并不是爱的全部。在爱的大家庭里，爱也是千差万别的。除了侧重精神层面的爱情，还有男女的性爱、对朋友的爱、对父母子女的爱、对陌生人的爱、对事业的爱、对世界和自然存在物的爱；当然，还有对自己的爱，不一而足。

男女之爱可以说是人类进步的一大动力。对性的需求往往成为人类进化甚至社会文明、经济发展的重要推手。男女之爱是繁衍存续的本能需求。男性为了争夺更好的异性，必须绞尽脑汁来获得能够保证生存品质的种种资源。战争也好，政治也罢，生存的挑战都会淘汰竞争失败的那些个体，最终推动基因演化。

波依修在《哲学的安慰》里讲道："通过爱，永恒的宇宙无一例外地改变了一切。"例如，男女之爱让人形成了最基本的美的观念，无论美丑，最初都是与生存繁衍的好处和缺点联系在一起的。服装产业的发展就与此紧密相关。人们对衣服的要求，在某种程度上已经超越了对衣服本身保暖防寒的需求。而美丽概念的形成，恰恰是基于异性之爱。服装工业、时尚工业的崛起就根植于此。

其实，很难把男女之爱中的精神部分和肉体部分严格分开。无论如何，异性之间的爱，是激发人创造力的神药。几乎所有的伟人、大师，他们最具有创造力、艺术生命最旺盛的时候，无不是和心爱的女人在一起。作为哲学家的萨特就一直把波伏娃视为智力水准上最理想的对话者。萨特的成名作存在主义小说《恶心》和哲学巨著《存在与虚无》，都是献给波伏娃的。他一生中最重要的作品，都离不开爱人的影子。

友情也是一种爱。"高山流水"是最著名的友爱。俞伯牙失去知音钟子期后，痛心疾首，乃至摔琴绝弦，终生不再抚琴。诗仙李白出行，挥笔写下了千古名句"桃花潭水深千尺，不及汪伦送我情"，可谓是另一种友人之爱的典范。

父母之爱则和男女之爱一样，更多出自本能。古希腊哲学家柏拉图在《会饮》中曾记述了狄俄蒂玛的一番话："对所有为留下后代而产生的爱，不必大惊小怪，因为这种普遍的爱与利益是以永生为目的的。"在东北话中，父母爱护自己的子女叫做"护犊子"。从物种延续的意义来讲，"护犊子"是本能，因为人注定不能永生，而延续血统，就成为父母之爱的原始动力。

相比对人的爱，有些人更爱其他一些东西。亚里士多德说："为别人做了好事的人会感受到友谊和爱，哪怕那些人对他毫无用处，甚至永远无用。"手工艺人正是这样，他们喜欢自己的作品远超出那作品对他们的爱——如果作品也有生命的话。大部分诗人也如此，他们偏爱自己的诗篇，如同父母溺爱子女一般。

爱是感觉，不是意愿或意志。康德说："我不能爱是因为我不能感觉，并非因为我不应当（不必）爱。"人类的爱伴随着人的存续而更新，既非有死有生，也非永世长存。人只有存在的时候，才能感觉到彼此的爱与赠予。但宗教在此之上更增加了上帝之爱。奥古斯丁说："两种爱造就两座城：自我之爱造成尘世之城堡，乃至无视上帝的存在；上帝之爱造就天空之城，乃至蔑视自我。"从基督教的角度来说，上帝的仁爱让人类在丧失了尘世的存在形式之后，还能以其他的形式存在。

不论是在人间之城，还是在上帝之城，爱的本质就是一种存在。对所有人而言，生存就是被选择、被爱，同时也是付出爱的过程。人类靠行动而体现自己的存在感。从某种意义上讲，人从事令自己愉悦的活动本身就是体现爱、接受爱、付出爱的存在方式。爱的本质就是人类以自己所偏好的方式存续的状态。

爱的力量无穷，爱让人追求完美，如果不是因为爱自己的作品，罗马帝国最伟大的诗人维吉尔不会烧掉自己最重要的作品《埃涅阿斯纪》的手稿。爱也让人学会宽恕。如果不是因为热爱真理，伏尔泰就无法说出"我不同意你的观点，但我誓死捍卫你说话的权利"。爱让人懂得放弃，如果不是因为爱上了一个出身卑微的艺人，天才音乐家李斯特的情人，仅一处封地就拥有三万名奴隶耕种的维特根斯坦公主，怎么会被沙皇开除国籍，放弃一切财产？

维吉尔说："爱征服一切。"爱代表了一种赐予的力量。爱的力量远远超过了其他任何情感。被爱意味着对一个人、一种事物的品质有了评价，被爱令人幸福愉悦。如果事物有知觉的话，它们也会因为被人热爱而感到快乐。亚里士多德认为"爱让人成为善的拥有者"，而善是一切有感情的人都希望拥有的美德。

经典导读

柏拉图《斐多罗》《会饮》
亚里士多德《修辞学》

维吉尔《农事诗集》
西塞罗《辩论集》
普罗提诺《九章集》
奥古斯丁《上帝之城》
莎士比亚《无事生非》
笛卡尔《灵魂的感情》
斯宾诺莎《伦理学》
休谟《人类理解研究》
布莱克《土块和石子》
孟德斯鸠《论法的精神》
马尔萨斯《人口论》
济慈《莱米亚》
黑格尔《法哲学》
陀思妥耶夫斯基《喀拉马卓甫兄弟》
弗洛伊德《集体心理学和自我的分析》《文明及其不满》

情

引 言

人非草木，孰能无"情"。情是情感，情是情绪，普通人并不需要像心理学家那样把这些词语分得格外清楚。情是人类对外界刺激所产生的一切心灵体验和体验过程。汉字的"情"是会意字，由"青"和"心"组成，本意是痴心、美意。因为"青"是"倩"的简写，都是美丽、漂亮的意思。比如"倩女幽魂"的倩女，就是美丽的女子之意。《说文解字》讲道："情，人之阴气有欲者。"即是内心欲求的隐藏动力。

"情"在西方文字中有若干种表达方式，比如英文中的 emotion, passion, affection 等，有情感、情绪、热情、激情的意思。最具有概括性的是 emotion，通译为情绪，来自于拉丁文的 emorere，大约指的是把人激发起来、让人变得活跃，进而受驱使影响而希望产生行动的状态。

从世界范围内来看，对于"情"的准确界定直到近代才被做出。此前，不论是死去的拉丁语，还是活着的英文，都没有能够将模糊的"情"说清楚。

大师人话

亚里士多德

在灵魂中可以发现情感、能力和性格状态这三种东西，而美德必定是它们的一个方面。我所说的情感是指贪欲、愤怒、恐惧、信心、嫉妒、快乐、友爱感、憎恨、渴望、竞赛和怜悯，总之是伴随着愉快或痛苦的感觉的各种情感。

亚里士多德
情感是所有这样的感觉：它们改变着人们、影响着人们的判断，并且还伴随着愉快和痛苦。

西塞罗
任何情绪的波动都是对心灵的破坏，要么是缺乏理性，要么是蔑视理性，或者是背叛理性。

奥古斯丁
从我们追求或逃避的所有事物来看，人的意志不是受到吸引，就是受到排斥，所以它是变化的，并且会转变为不同的情感。

阿奎纳
感性的欲望是一种普遍的力量，被称为感官感受性。然而它又分为两种力量，它们是感性欲望的两种类型——易发怒的力量和情欲的力量。在感性方面一定会有两种欲望力量：一种欲望力量是灵魂通过其绝对倾向追求符合感官感觉的东西，回避有伤害性的东西，这就称作情欲的力量；另一种欲望力量是动物借助它反抗那些阻碍合意的东西，使其蒙受伤害的打击，这就是易发怒的力量。

阿奎纳
如果我们想要在发生的方式中了解所有情感的次序，爱和恨是第一位的；欲望和厌恶是第二位的；希望和绝望是第三位；第四是恐惧和大胆；第五是愤怒；第六，也是最后一位的是欢乐和悲伤，它们接在所有情感之后。

因此，爱先于恨，欲望先于厌恶，希望先于绝望，恐惧先于大胆，欢乐先于悲伤。

情

蒙台涅
所有允许自身被体验到和领悟到的情感都是平庸的情感。

莎士比亚
哈姆莱特：自从我能辨别是非、区分贤愚之后，你就是我灵魂里选中的一个人，因为你虽然经历一切的颠沛，却不曾受到一点伤害，命运的虐待和恩宠，你都是处之泰然；能够把感情和理智调整得那么适当，命运不能把它玩弄于股掌之间，那样的人是有福的。给我一个不为感情所奴役的人，我愿意把他珍藏在我的心坎、我的灵魂深处。

笛卡尔
灵魂中是情感的东西，体现在肉体方面就是通常所说的行动。因此，这能使我们了解必须把我们自身中的每一种功能都归于灵魂，还是肉体。而理解我们情感的最好方法就是，考察灵魂与肉体之间存在的差别。

霍布斯
人们所欲求的东西也称为他们所爱的东西，而嫌恶的东西则称为他们所憎恶的东西。因此，爱与欲望便是一回事，只是欲望指的是对象不存在时的情形，而爱最常见的说法是指对象存在的情形。

帕斯卡尔
靠了解每个人目前占主导地位的情感，我们必会使他高兴，但每个人又都有自己一时的迷恋，从他具备的关于善的根本观念来说，这些是和他真正的善相矛盾的。这是一个特别扰人的事实。

斯宾诺莎
刺激我们的对象有多少种类，他们所引起的情绪便有多少种类：快乐、痛苦、欲望和一切由这三种情绪组合而成的情绪（如心情的波动），以及由这三种情绪派生出来的情绪（如爱、恨、希望和恐惧等）。

洛克
所有这些情感都由事物推动，因为正是它们表现为快乐和痛苦的原因，或与苦乐有某种联系。

蒲柏
我们可以把情感称作自爱的方式，真正的善或表面的善，推动着它们。但是我们不能轻易得到善，所以理性要求我们，自己为自己提供善。情感，虽然是自私的，但如果它们的表现方式是正当的，可列在理性之下，并得到它的照顾。那些被传递的情感，可以企求到更高尚的目的，使情感本身升华，并得到某种美德。

休谟
理性是并且也应该是情感的奴隶。除了服务和服从情感以外，再不能有任何其他的职务。

康德
情感和感情在本质上是有区别的，前者在反思来临的时候使反思更困难，甚至成为不可能。在这个意义上，前者属于感觉。

达尔文
低等动物，像人一样，显然也感觉到愉快和痛楚，懂得何谓幸福、什么是烦恼。最能表现出幸福之感的大概无过于像若干小孩似的正玩得高兴的几只小狗、小猫和小绵羊等。

低等动物，与我们相同，也受同样的一些情绪所激动。

威廉·詹姆士
要把本能与随之而来的情绪激动分开，是不可能的。愤怒、亲爱和恐怖等等对象不但激动人做外部的行为，而且使他的姿态和面容发生特有的变化，并且依特殊的方式影响他的呼吸和血液循环，以及其他脏腑的技能。即使外部行为因为受到禁止而不显露出来，这些情绪表现还是存在。

弗洛伊德
自我代表着我们称作理性和常识的东西；相反，本我包含着感情上的东西。

小　结

"情"的存在对人类的意义丝毫不亚于"理智"。"情"以其独特的方式和"理智"一起，塑造出了一种名叫"人"的生物。

情包括情绪、情感。情是产生于感受之后、欲望之前的东西。情不是感受。感受就像海上的浮冰，常常会触动人心灵的礁石。一个经常干粗活的劳动者，对于每日进行的辛苦体力劳动可能并没有多少情感产生。当他面对肩膀、手掌上的粗大茧子，虽然觉得酸痛疲倦，但习惯让人麻木，每日都发生的事情很难像第一次扛沙袋那样引起心湖的波澜。

尽管《说文解字》认为情乃"人之阴气有欲者"，但情严格来说和欲望是有点区别的。情的产生，总是源自外界的刺激，但欲的产生有时候则是因为某种现实需要。饥饿和羡慕，同样让人有欲望获得食物，羡慕必然引起情感，进而引起欲望。而饥饿则跳过了情感的沟壑，直奔主题。获取食物的欲望没有得到满足，则饥饿并不会消失，甚至还会产生更强大、更直接的欲望。而羡慕如果得到满足，过一段时间有可能会消失，也有可能会作为一种刺激引起更强烈的情感，进而产生更具有行动力的欲望。

人有七情六欲，七情即喜、怒、忧、思、悲、恐、惊，这是人类的共同情感。不论是哪种情感，情都是属于具体个人的，是个人独有的心灵体验。情感来源于外界的刺激，个体则是情感发芽的土壤。同样的事情，在人心灵的土地上，常常会开出不同的花朵。《淮南子》云："橘生淮南则为橘，橘生淮北则为枳",大约也是此意。同样的喜剧,有的平民笑得前仰后合,有的贵族笑得眼泪横飞,维多利亚女王则冷冷地说出那句著名的话:"这一点也不好笑。"

"天若有情天亦老,人间正道是沧桑。"天命无常亦无情,人却不容易做到。很难讲"情"一定是人类所独有的东西,但无法否认,"情"是人类最强大的一种特长,也是人类最具有生命力的一种财富。如果世间没有了各种情感,人类社会将会失去多少色彩!没有了忧伤的泪水,就无所谓欢乐的笑声;没有了愤怒的呼喊,就失去了热情的拥抱;没有了残忍的杀戮,就没有仁爱的光辉。

永远没有一种情感单一存在,只有一组情感同时产生。新人笑、旧人哭,几家欢乐几家愁。然而,并非总是一个人的快乐是另一个人的痛苦,也并非总是一个人的地狱就是另一个人的天堂。情的存在本身就是一种相对论。情的产生必然反衬无情,情感的动容难免让冷漠成为陪衬,情的愉悦必然对比忧伤,没有成组的情感和情绪,就没有真正的人产生。

情是高级动物的特征。低等动物究竟有没有情感已经被争论了很久。人们愿意相信,和自己越接近的动物,越可能有情感。显然,人们是把情感当作进化程度的一种标志了。鳄鱼会流眼泪,但那和情感毫无关系。猪饥饿起来有时候会把自己生出来的小猪给吃掉,当然也谈不上有多少情感。很难去否认,在动物的世界里,生存竞争是第一位,感情需要是第二位的。即便是虎毒不食子,也说不清楚究竟是母子连心的情感起了作用,还是繁衍的本能产生了最关键的影响。

因此,人类就难免得意起来了。作为万物之灵长,人曾经坚定地认为亲情、爱情、心情等各种情都是人类的专利,潜台词就是越高级的动物,情感越丰富。令人费解的是,尽管其他一些动物也可能有一些情感的研究,似乎支持了情感是高级动物特征的假说,但"情感""情绪化"常常是"理智"的反面,因而有时候"情"这种存在又显得非常原始和低级。

情是由感觉引起的,"情"常常让人失去理性和逻辑。比如,中国是一个很文艺的国家,因此我们的理性主义就不怎么发达。我们泱泱大国,多的是文学家、政治家,但缺少科学家。邻人遗斧的寓言说,丢斧子的人怀疑邻居偷了斧子,没有证据,就是看人家像小偷,横竖就是看不顺眼,坚定地认为邻居家鬼鬼祟祟、贼眉鼠眼。后来在自己家找到了斧子,看邻居又变成了各种慈眉善目。邻居没变、事情没变，但失主的心态变了。可谓是先感情、后理性的经典例子。

有一种"情"的尺度，叫道德。其实不太好说"道德"与"情"之间，谁是谁的尺度。斯宾诺莎说，"人的行为首先受情感驱动，而非理性"。所以从某种角度来说，道德有时候就是在"情"中孕育的。人们不愿意吃人，是因为吃掉人让自己的情感感到不适。但许多食肉动物没有像人类一样的丰富情感，狼吃掉自己受伤的同伴，丝毫没有任何内疚和纠结，人则不行。人类共同的情感不适产生了人类共同的道德。

丰富的"情"的存在，让人成为更高级的生物，也让人变得更没有理性、显得更低级。弗洛伊德说，本我代表本能和情感，遵循欢乐原则。自我则代表理性和常识。自我努力用现实原则来束缚本我的欢乐原则。欢乐原则就是为"情"所驱动的。究竟"情"是让人进化程度高了，还是退化了，真的很难说。

经典推荐

弗洛伊德《自我和本我》
达尔文《人类的由来》
康德《伦理学形而上学原理导论》
阿奎纳《神学大全》
亚里士多德《修辞学》
康德《纯粹理性批判》
雪莱《解放了的普罗米修斯》
黑格尔《法哲学》
叔本华《人格》
卡莱尔《诗人英雄》
克尔凯郭尔《哲学零简》
爱默生《智慧》《历史》
柏格森《创化论》
休谟《人类理解研究》
卢梭《爱弥儿》

幸 福

引 言

某电视台的记者曾经采访老百姓："你幸福吗？"回答千奇百怪，有老农版的"我姓曾"，有的回答"关你甚事"……我们不禁追问，何为幸福？为什么小小的"幸福"二字竟然有这么巨大的能量？有人说，幸福是人一生都在追求的东西。有人说，钱会带来幸福，或者带来不幸。还有的人调侃说，幸福就是"猫吃鱼、狗吃肉、奥特曼打小怪兽"。看来，幸福似乎是一种需要量身定做的奢侈品。那顺理成章，幸福是不是会有个衡量指数，是不是可以指标化、量化地去计算？人没有幸福会怎么样？人应该如何看待、追求幸福？

回答这些问题之前，让我们先把概念弄清楚。许慎《说文》里说道："幸，吉而免凶也"。福的古意为"佑也"。古称富贵寿考等齐备为福，说白了就是升官发财还又长寿——要不然光有富贵没有机会去享受，怎么能叫有福呢？与"祸"相对，本作祜。现在"幸福"是一个词，不过古代中国人有时候是分开讲幸和福的。福为名词，福气；幸则是动词，盼望、期待，把某种事物看作幸运。比如《新唐书·李蔚等传赞》："至宪宗世，遂迎佛骨于凤翔，内之宫中。韩愈指言其弊，帝怒，愈愈濒死，宪亦弗获天年。幸福而祸，无亦左乎！"英文里的幸福最贴切的莫过于 happiness，指的是一种愉悦和满足的精神状态，其他的 luck、good fortune、blessing 等都有所偏差。

幸福是人类永恒的主题，按《现代汉语词典》："幸福：使人心情舒畅的境遇和生活。"不过，古往今来的大师们对"幸福"也给出了数不清的阐释，

幸 福

有的主张精神的快乐才是幸福，有的则认为物质满足很重要，有的认为自己高兴就是幸福，也有的人坚持"大家好才是真的好"……

大师人话

杜威

在道德中幸福是根本的，只是因为幸福不是待寻求的东西，而是现在已经获得的东西。即使在痛苦与困难中，每当对我们同自然界以及同旁人的联系的认识，使我们的行动得到释放，并有了意义情理时，就已经获得了幸福。

罗素

个人的幸福之源固然不少，但其中最主要的一个恐怕就是：自动地而且毫不费力地爱许多人。

托尔斯泰

幸福是在于为别人而生活。

墨子

视人之国，若视其国；视人之家，若视其家；视人之身，若视其身。是故诸侯相爱，则不野战，家主相爱，则不相篡，人与人相爱，则不相贼。若臣相爱则惠忠，父子相爱则慈孝，兄弟相爱则和调，天下之人皆相爱，强不执弱，众不劫寡，富不侮贫，贵不敖贱。

杨朱

人之生也奚为哉？为美厚尔！为声色耳！

恣耳之所欲听，恣目之所欲视，恣鼻之所欲向，恣口之所欲言，恣体之所欲安，恣意之所欲行。

损一毫利天下，不与也。

赫拉克利特

如果幸福在于肉体的快感，那么就应当说，牛找到草料吃的时候是幸福的。

亚里士多德

如果幸福就是符合于美德的活动，那么它应该符合于最高的美德。

德谟克利特

使人幸福的不是体力，也不是金钱，而是正义和多才。

西塞罗

由于恶人、愚笨的人和懒惰的人不能享有幸福，这就可以推论出，善人、勇敢的人和有智慧的人生活不会是不幸的。

屠格涅夫

你想成为幸福的人吗？但愿你首先学会吃得起苦。

罗曼·罗兰

创造，或者酝酿未来的创造。这是一种必要性：幸福只能存在于这种必要性得到满足的时候。

莎士比亚

爱德伽：也许我还要碰上更不幸的命运；当我们能说"这是最不幸的事"时，那还不是最不幸的。

叔本华

人固无幸福，所以即使毕生奋斗不息，以求得心中想象的那种使其幸福之事，也很少能达到目的，有时仅能使之失望。

柏拉图

苏格拉底：一个人是幸福的，必须不仅要拥有许多好东西，而且也必须使用它们。仅仅拥有它们并没有用处。

科列安尼斯：他必须正确地使用。

爱因斯坦

人们所努力追求的庸俗的目标——财产、虚荣、奢侈的生活——我总觉得都是可鄙的。

希罗多德

梭伦对克罗伊索思说："纵然是豪富的人物，除非是他很幸福地把他的巨大的财富一直享受到他临终的时候，他是不能说比仅能维持当日生活的普通人更幸福的。"

"不管在什么事情上面，我们都必须好好地注意一下它的结尾。因为神往往不过是让许多人看到幸福的一个影子，便把他们推上了毁灭的道路。"

小 结

联合国大会于2011年通过了一条由不丹提出的非约束性决议，那就是将"国民幸福指数"（Gross National Happiness）纳入国家发展指数的考核中。这一概念用以衡量生活质量。不丹的幸福指标体系（GNH）由政府善治、经济增长、文化发展和环境保护四部分组成。

幸福是什么？幸福是一种让人觉得满足、愉悦和安全的心理状态，这种状态存在于人的内心，是特定境遇、环境给人带来的美好感受。同时，它还受到外界的强烈影响。正因为幸福决定于人心，所以人们常说"我觉得好幸福"。当人们说"我不幸福"，就意味着他不喜欢他当下所处的状态。而任何一种状态，乃至幸福都是许多因素相互交织、互相作用而产生的结果，而不是仅仅一种心态、一种情感，或者某些物质上的、形式上的满足和外界环境的惬意就可以产生的。

　　幸福并不决定于物质满足，尽管它非常重要。幸福可以通过财富来实现，但并不意味着实际利益的满足是幸福唯一的代言人。财富可能是幸福派来的天使，也可能是不幸派来的魔鬼。生活中处处可见，拥有巨额财富却充满了生活不幸的人。1895年，美国最富有的女继承人、铁路大王的女儿安娜·古尔德和法国贵族伯尼·德·卡斯德兰伯爵结婚。前者非常有钱，后者是一个超级帅哥，是独立战争中的英雄德·卡斯德兰副元帅的后代。这场世纪婚礼，最后在1906年以离婚收场，留下她漂亮的丈夫独自一人、负债累累。法国帅哥为了财富和安娜联姻，而安娜幻想的幸福生活，却始终没有到来。德谟克利特说："幸福与否，乃灵魂之事，幸福不在于众多的家畜与黄金，而在于神明的灵魂上。"有钱能使鬼推磨，但拥有财富却未必能买来幸福。财富是获得幸福的一种手段，但不是唯一手段，更不是人生目的。拥有财富会比较容易幸福，或者看起来幸福一些。可惜财富从来不给任何人写保证书，幸福总是有自己的主见，没有势利眼。

　　幸福也很难只依靠内心强大来实现。尽管"幸福与否，乃灵魂之事"，不过毕竟人是灵魂与肉体二合一的存在物，别忘了还有一句老话："贫贱夫妻百事哀"。GUCCI创始人毛利奇奥·古奇的前妻马蒂内丽曾说过，"我宁愿坐在劳斯莱斯里哭泣，也不愿快乐地骑一辆自行车"——通常认为这是把幸福与财富、目的与手段颠倒、本末倒置的典型案例，值得批判。不过从另一个角度来看，幸福也很难只靠内心的孤军奋战来支撑。幸福需要让人产生满足、愉悦、安全的感受。风餐露宿、颠沛流离的境遇，像丧家犬一样的生活恐怕距离幸福就远了点；吃了上顿没下顿，在迷茫而没有希望的困窘生活中，快乐都是一种奢侈，更很难说会让人产生幸福感了。幸福也必然伴随安全、有所归属的心灵体验。幸福之人归属于自己，归属于所爱，归属于一切能给予他安全感的存在。有信仰的人，比如，有些人认为自己最后会归于上帝。

　　幸福是内心和外界交互所产生的一种结果。幸福作为一种感觉，其主观的本质特点是无法否认的。但绝非只靠精神自我调节的力量、幻想的力量就可以制造幸福，可以制造的最多不过是幸福的气氛，然而气氛散去，真相就会浮出水面。就好比再美的泡沫也总有一天要破。很难说幸福诞生的时候，究竟是人如何认识这个世界更关键，还是这个世界的真相更重要。总之，没有内心去感受、衡量、判断、处理世界上正在传递的讯息，幸福或者不幸的感觉，都是不会存在的。

各人的幸福只有各人自己才能决定，判断幸福的标准因人而异。萨特说"他人即地狱"，别人眼里的幸福，甚至恰好是你无法承受的不幸。父母之命、媒妁之言，毁掉了多少幸福人生？红酥手、黄滕酒，难抵挡东风恶、欢情薄。一杯愁绪，几年离索，逃不过错、错、错。多少人放着安排好的稳定工作不要，一定要下五洋捉鳖；有的人就是不愿意舒舒服服地出将入相，偏偏去周游列国；西藏的农牧民的生活条件在外人看来，简直不叫生活，但正是这些人真心实意地拿出微薄积蓄来供奉活佛；杨朱一毛不拔照样幸福快乐；苏格拉底却认为"要求知、修德行善，然后才能成为幸福之人"；有的人认为只要曾经拥有，不在乎天长地久；亚里士多德却声称"一个燕子一个暖和的日子，绝不能造成春天。一日或一段时间，也不会使人变得幸福"。

不论是智者，还是常人，每个人的幸福都各有不同的表现方式，但给人类带来的感觉却是相似的。所以当我们说觉得"幸福"或者"不幸福"，别人能理解我们的感觉——尽管他人体会到的幸福并不一定总是和我们所说的一样。

苏格拉底说："人生的本性是渴求幸福。"获得幸福是对自己心理和生理需要的满足，并且是一种高级满足。所以走向幸福之路，虽有个人特色，但必有共同路径。幸福既要向外界求索，也要向内心追寻，寻求精神和物质的平衡。

精神的满足是幸福的起点，也是幸福的终点；物质财富的支撑、获取财富的过程则是起点到终点之间的路线图。如果一件事、一种环境不能令人愉悦或者带来希望（承诺未来愉悦），就不能令人感到幸福。任何种类的满足都与精神满足紧密相关，哪怕是最低层次的生存需求。精神的满足按照马斯洛的观点包括生理需求、安全需求、社交需求、尊重需求和自我实现需求。任何一个层次的需求得到满足，都可能给特定的人带来属于他自己的幸福。

除了追求未来、享受现在，回味美好过去同样都是找到幸福的捷径。在欲望方面，人类可能永远不会满足，人们常常想要追求更好的。所以哪怕旧的愿望都已经实现，新的愿望仍旧会冒出来，或者人们会苦恼失去了生活的动力，因而变得沮丧不快乐。愉悦是构成幸福的主要成分，也是检验是否幸福的一块试金石。德谟克利塔斯宣称："人生的意义应以愉悦为主，所以人该尽量愉快，摈除痛苦。"如果人类翻越了一座又一座山峰，实现了一个又一个愿望，却不懂得欣赏所取得的成就，不会去珍惜所拥有的生活，不知道回味走过的一路风雨兼程，就无法感受到现在获得的幸福。

如何看待幸福？没有谁的幸福可以复制，就像没有人的成功可以复制一样。幸福有各自不同的轨迹。看别人的幸福，永远是雾里看花，喜时羡慕人有，妒时笑谈人无；看自己的生活，则常常是当局者迷，只想人有我也有，不知你有人却无。获得幸福就像禅宗讲顿悟，没有得到的时候，似乎相距十万八千里；而幸福降临时，却仿佛总在一念之间。看待幸福，可以当作放风筝，放手了，幸福就飞走了；收紧了，幸福就降临。关键在于，是否知道，自己正紧握着风筝线；是否知道，风筝线永远在自己的手里。

放风筝的人，请各自幸福。

经典推荐

杜威《人性与行为》
罗素《到幸福之路》
泰戈尔《飞鸟》
托尔斯泰《安娜·卡列尼娜》
叔本华《论生存之虚伪》
柏拉图《欧蒂德谟》
希罗多德《历史》
德谟克利特《论人生》
孟德斯鸠《波斯人信札》
克洛德·阿德里安·爱尔维修《论精神》

婚 姻

婚（hūn），形声字，从女，昏声。因为古时黄昏迎亲，故"昏"亦兼表字义。本义：妇家，有"妻之家（wife's family）"之意。《说文》中："婚，妇家也。礼，娶妇以昏时。妇人阴也，故曰婚。婚，妇家也。"王筠句读："下文：姻，婿家也。"也有"妻之父（wife's father）"之意。《尔雅》中："妇之父为婚。"《释名·释亲属》中："妇之父曰婚，言婿亲迎用昏，又恒以昏夜成礼也。"有"通婚""婚姻关系"（wedding；marriage）的意义，《史记·项羽本纪》："约为婚姻。"

姻（婣 yīn），会意兼形声字。从女，从因，因亦声。本义：女婿家。结亲的男家，指夫或夫之父。《说文》中："姻，婿家也，女之所因，故曰姻。从女，从因，因亦声。"《尔雅》："婿之父为姻。又，婿之党为姻兄弟。"

婚姻主要有两层意思，有"男女结为夫妻；嫁娶"之意，桓宽《盐铁论·散不足》："茧紬缣练者，婚姻之嘉饰也。"牛肃《纪闻·李敢》："后月一日，可合婚姻。"老舍的《二马》第四段八："婚姻是爱的结束，也是爱的尝试，也是爱的起头！"还有"亲家，有婚姻关系的亲戚。"《尔雅·释亲》中："婿之父为姻，妇之父为婚……妇之父母、婿之父母相谓为婚姻。"《史记·项羽本纪》："沛公奉卮酒为寿，约为婚姻。"王安石的《上皇帝万言书》："使其生也，既于父子、兄弟、妻子之养，婚姻、朋友之接，皆无憾矣。"叶名沣的《桥西杂记·回避》："《宋史·选举志》，旧制秋贡春试，皆置别头场。以待举人之避亲者，自缌麻以上亲，及大功以上婚姻之家，皆牒送。"

大师人话

《旧约全书·创世记》

主上帝说,那个人独居不好;我要为他造一个配偶,帮助他。

主上帝使亚当沉睡,他就睡着了。于是取下他的一根肋骨,又把肉合起来;主上帝就用那人身上所取的肋骨,造了一个女人,领她到那个男人跟前。

亚当说,这是我的骨中骨,肉中肉:可以称她为女人,因为她是从男人身上取出来的。

《旧约全书·箴言》

妻子的争吵,有如破屋加漏雨;房屋财产都是祖宗所遗留的,唯有贤惠的妻子,才是耶和华赐给的。

《周易》

有天地然后有万物,有万物然后有男女,有男女然后有夫妇,有夫妇然后有父子,有父子然后有君臣,有君臣然后有上下,有上下然后礼仪有所错。

孟子《孟子》

男女居室,人之大伦也。

《新约全书·哥林多前书》

若论到你们信上所题的事,我说:"一个男人,如不接触女人,是件好事。"

但要避免淫乱的事,男人当各有自己的妻子,女子当各有自己的丈夫。

丈夫应用合宜之份待妻子,妻子待丈夫也要如此。

妻子没有支配自己身体的权利,权利在丈夫;丈夫也没有支配自己身体的权利,权利在妻子。

婚　姻

夫妻不可彼此亏负，除非两相情愿才能暂时分居，理由必须是为了专心祷告；以后仍要同房，免得撒旦趁着你们情不自禁，引诱你们。

我对未结婚和寡妇说："若你们像我一样，就好了。但倘若自己守持不住，就可以让他们结婚。与其欲火攻心，倒不如结婚为妙。"

希罗多德

每年在每个村落里都有一次，所有达到结婚年龄的女孩子都被召集到一处，男子则在她们的外面站成一个圆圈。然后，一个拍卖人一个个地把这些女孩子叫出来，再把她们出卖。他是从最美丽的那个女孩子开始的。所有这些女孩子都出卖为正式的妻子。谁也不允许把女儿许给他所喜欢的男子，任何人如果不真正保证把他买到的姑娘当作自己的妻子，他是不能把她带走的。

柏拉图《法律》

雅典客人：新娘与新郎应该清楚地意识到，他们应尽其所能为国家生养最优秀和最漂亮的孩子。

亚里士多德

夫妻间的关系看起来是贵族政体，因为丈夫依赖自己的价值，在他该管的事情上取得支配权，而将适宜妇女做主的事留给妻子去处理。假使丈夫事事专横，夫妻关系将变成寡头政体，因为丈夫这样做，没有依循他们各自的价值行事，也没有依赖他自身的优越的善德行使支配权。

蒙台涅

这个人洞悉此中一切奥秘，他说："在我们看来，一桩完美的婚姻，存在于瞎眼妻子和耳聋丈夫之间。"

普吕塔克

当菲利浦试图强逼一个妇女就范时，那个妇女对他说："让我走，吹熄了灯，哪个女人都一样。"这句话对奸夫和淫荡的男人是绝妙的回答；但一个结了婚的妇女在熄灯后,却不应该像任何露水女人一样。正是在见不到她肉体的暗夜中,她的美德、她的献身和她对丈夫的柔情蜜意,才是清晰可辨的。

奥古斯丁

妇女结婚的唯一目的,应该是生儿育女。

阿奎纳

婚姻的达成,遵循与签订物质契约合同同样的方式。签约双方首先要向对方书面表达自己的意愿,否则物质合同是无法签订的。因此,同意订婚的答复也必须通过书面表达。所以,文字的表达对于婚姻来说,相当于清水对于神圣洗礼一样重要。

薄伽丘《十日谈》

可是我的妻子得由我自己去选择,将来万一事情弄得不妙,我怪来怪去也怪不到旁人身上,只有怨我自己选错了人。有一件事我必须事先和你们说明白:不论我选了个怎样的女人做我的妻子,你们都得尊她为夫人,敬她为女主人。

康德

家庭关系建立在婚姻之上,婚姻则植根于两性间天然的相辅相成或互相联系之上。两性的这种自然结合的发生,依照纯粹的动物天性或者自然法则。后者就是婚姻,它是异性间两个人永久的结合,互相保留着他们性的能力。生养和教育孩子的目的,在两性间产生结合的意向和欲望时,总应该作为自然的结果加以考虑。但是,结婚的人也没有必要将生养和教育孩子作为他们结合的目的立在眼前,否则以为婚姻就不正当;如果是这样的话,当停止生育以后,婚姻就该解体了。

托马斯·莫尔

在选择配偶时,乌托邦人严肃不苟地遵守着我们看来是愚笨而极端可笑的习惯。女方不管是处女或孀妇，须赤身露体，由一位德高望重的已婚老妇人带到求婚男子前。同样，男方也一丝不挂，由一位小心谨慎的男子陪伴来到女方面前。我们嘲笑这样的风俗，斥为愚蠢。乌托邦人却对所有其他国家的极端愚蠢表示惊异。试看人们买一匹花钱本不太多的小马，尚且非常谨慎。尽管这匹马差不多光着身子，人们尚且不肯付钱，除非摘下它的鞍子，取下全部挽具，唯恐下面隐蔽着什么烂疮。可是，在今后一生苦乐所系的选择妻子这件事上，他们却掉以轻心，对女方的全部评价，只根据几乎是一手之宽的那部分，即露出的面庞。

《共同祈祷书》

从今天开始，我将你作为我的婚配妻子。无论境况是好，是坏，无论富有，还是贫困，无论生病，还是健康，我都将依照上帝的神圣安排，爱你并珍惜你，直到死亡将我们分开。我起誓：将我的忠诚献给你！

拜伦

一切悲剧的结局都是死亡，一切喜剧的结局都以结婚来了结。

达尔文

然而人的配偶选择却是另一路的，对他有着强烈吸引力的未必是一些优美的品质，而是单纯的财富或社会地位。但通过真正的选择，他对他的后代，不仅在身体素质形态方面，而且在理智和道德的品质方面，是可以做出一些成就来的。

恩格斯

当父权制和一夫一妻制，随着私有财产的分量超过共同财产，以及随着对继承权的关切而占了统治地位的时候，婚姻的缔结便完全以经济上的考虑为转移了。买卖婚姻的形式正在消失，但它的实质却在越来越大的范围内实现，以致不仅对妇女，而且对男子都规定了价格。而且不是根据他们个人的品质，而是根据他们的财产来规定价格的。

恩格斯

家庭、婚姻、国家、私有制等不过是人类社会在其发展过程中的一种中间状态，而并不是人类社会的全部状态及永恒状态。家庭、婚姻、国家、私有制必然会随着人类社会的进步而终将趋于消亡。

萧伯纳

当两个人处于最强烈、最疯狂、最受蒙蔽和最转瞬即逝的热情的控制之下，他们却要求赌咒发誓，说他们将永远保持这种兴奋、不同寻常、耗尽精力的状态，直至死亡将他们分开。

罗素

文明社会的男女双方，如果要在婚姻中获得快乐，就必须满足下面几个条件：双方必须有完全平等的感觉；各不干涉对方的自由；双方无论身体或者精神都完全的亲密无间；双方的价值标准应当大致相同，如果一方崇尚金钱，另一方却刻意追求高尚的事业，则将产生矛盾。

波伏瓦

这样说来，一般的婚姻并非建立在爱情基础之上。弗洛伊德曾这样说过："丈夫充其量不过是情人的代替者而已，并非情人本身。"这话绝不是随随便便说的。这句话影射婚姻制度的本质，即婚姻的目的是男女在经济上和性欲上的结合，它为社会的利益服务，并不保证个人的快乐。在家族政权下，比如今天的某些宗教教徒，被父母安排的男女双方，可能在婚礼举行之前从未见过面。从社会的角度看，终身大事，不可能建立在纯感情的爱情幻想之上。

《国语·周语中》

婚姻，福祸之阶也。

婚 姻

小 结

"婚姻就像一座围城,城外的人想进来,城里的人想出去。"钱钟书先生虽然这样描述婚姻,但他对自己的婚姻却有另一番解读。钱先生曾经这样评价自己的妻子杨绛:我见到她之前,从未想到要结婚;我娶了她几十年,从未后悔娶她;也未想过要娶别的女人。

很少有人能像钱先生这样,进了城不后悔,不想出来,还不觊觎其他城池。大多数人只能在自己的人生经验里理解"婚姻"。对于男人,在婚姻里必须压抑"窈窕淑女,君子好逑"的天性。而女人,要在琐碎中看自己年华逝去,甚至还要面临"背叛""抛弃"的风险,于是婚姻就成了坟墓。

不论是围城还是坟墓,对于绝大多数人而言,婚姻是人必经的一个仪式。特别是中国人的"成家立业""齐家治国平天下"之说,中国人的婚姻是"人生大事"。即使是现在,很多中国人还像完成任务一样,匆忙进入婚姻,形式大于内容。已婚的标签,表明他们在正确的时间做了正确的事。"男大当婚,女大当嫁",这样一个标签和形式反而比内容更能给他们安全感。这似乎有点本末倒置。

其实,婚姻仅仅是社会的必需品。如果从人类出现的300—500万年历史来看,婚姻制度其实只有5000年的历史,它并不是像看上去那么"天经地义"。当社会财富有剩余时,男人们需要思考他拥有的一头猪、三只羊和两匹马该给谁。当然得给自己的孩子,肥水不流外人田。女人传宗接代的"工具性价值"便被无限推崇。丰乳肥臀是这一时代女性的审美标准,因为男人需要专属于自己的、善生养的女人。这正是从"一头猪、三只羊、两匹马"付生出了婚姻。如《诗·大雅》里便有这样一问:"生民如何?"即周氏族第一个有名字的男人是如何出生的?这是多么有跨时代意义、开天辟地的疑问。婚姻制度使人类摆脱了知母不知父的乱交状态,以及伏羲女娲式的近亲繁殖状态,人类社会得以脱离动物本能性的泥沼而向上发展。

但婚姻并不是人的必需品,德国社会学家穆勒里尔曾将人类婚姻的动机归结为三种，即经济的动机，生育子女的动机及感情的动机。从这个理论出发，不缺钱、不想有自己的孩子、不需要固定的感情依靠，就可能不会选择婚姻，这是目前欧美国家结婚率低的原因之一，人们对婚姻缺少动机。同时，历史上未婚的名人也不少，太忙的牛顿，因为心系宇宙和世界，一生未婚。"童贞女王"伊丽莎白一世一生周旋于政治和宗教中，未婚。伏尔泰、达·芬奇、凡·高也未婚，我们无法判断他们的人生是否幸福完满，但以"成功"这个标准来看，未婚并不影响成功。所以，现如今的大龄青年、未婚人士承担了不该有的压力和非议，未婚从本质上是个人选择。

婚姻还是一场算计。人类社会实行婚姻制度，像其他制度一样，都是从性价比上去考虑的。压抑人"博爱"之天性，避免"男女同姓，生而不蕃"，这个算计是划算的。从单个的婚姻来看，婚姻也是一场算计。例如，古代的交换婚，有以物易人或以人易人两种形式。《易·屯》写婚姻："屯如，邅（zhan）如。乘马，班如。匪寇，婚媾。求婚媾，屯其膏。乘马，班如。泣血，涟如。"男人们是驾着马车、装着肥羊肉到外族寻婚。《尔雅·释亲》记载："妻之父为外舅，妻之母为外姑……妇称夫之父曰舅，称夫之母曰姑。"当事人双方互换姊妹为妻或互换女儿为媳，两家省掉聘礼，并且亲上加亲。在帝王家，有昭君出塞、文成公主入藏。世家大族里，便是门当户对。即使是生在普通人家，婚姻所带来的聘礼也是女方家庭不小的收入。婚姻是两个人带着各自家庭的财富、资源结合，这都是赤裸裸的计算成本收入的交易。只是不同的时代，算计的重点不同。远古时，把生育功能放在第一位。接着，把经济功能放在第一位。现如今，对于人自身的尊重，感情依靠成为社会的主流选择。

性、爱情、婚姻的三位一体，是现代的婚姻观念，也许是最理想的婚姻状态。性，出自人的身体本能。爱情，则是两情相悦，出自人情感的需要。而婚姻和衍生出来的家庭，是个人最好的保障、社会稳定的基本单位。性、爱、婚的结合，无疑是个人与整个社会的最大公约数。但理想总归为理想，现实生活中往往鱼与熊掌不可兼得。或许没有爱可以有性，或许没有性也可以有婚姻。

而没有爱情能否有婚姻，这恐怕是当下中国社会最重要的一个议题。张艺谋为电影选角说"90后没有美女，美女都嫁大款和煤老板了"，一档节目里一句"宁愿坐到宝马车上哭，也不愿坐在自行车上笑"引爆社会舆论，"裸婚"

— 56 —

婚　姻

"婚前协议"等，这些事例无不反映着当下中国人的一个敏感神经：关于婚姻与爱情，左手爱情右手钱权，该怎么选？

就历史而言，从西周到东周，逐步确立了婚姻礼数，婚姻有了固定格式：父母之命、媒妁之言。父母与媒人当然只从门第考虑，婚姻便压制了爱情。如果在当时，你只是一个生性麻木之人，你可以平平安安度过一生，甚至婚姻幸福。但如果你走在时代前面，便极有可能成为爱情悲剧，文艺作品中，《孔雀东南飞》里的刘兰芝和焦仲卿、《梁祝》梁山伯与祝英台、《红楼梦》里的宝玉和黛玉都是封建社会中爱情悲剧的人物。

对于我们而言，不需要承担这样的风险，只需厘清关于"婚姻"的思路。婚姻是社会的必需品，但不是人的必需品，没有婚姻不可悲；婚姻是场算计，情也以成本收入比计算。古代包办婚姻至少具备了幸福婚姻的几要素：基因、财产、家庭结构的匹配等；性、爱、婚三位一体是我们这个时代的赠礼，如果你以爱情为最高原则选择婚姻，不用玩私奔，不用选殉情，但也要明白爱情与婚姻的区别，不然婚姻真是爱情的坟墓。如果你不享受这个礼物，以过去的婚姻观选择婚姻，你选宝马不选自行车，也没有人可以指责你，但人生是自己的，需要自负盈亏。

经典导读

《旧约全书》
《周易》
《孟子》
《新约全书》
希罗多德《历史》
亚里士多德《伦理学》
蒙台涅《散文集》
普吕塔克《婚姻忠告》
阿奎纳《神学大全》
薄伽丘《十日谈》

托马斯·莫尔《乌托邦》
拜伦《唐璜》
达尔文《人类的由来》
恩格斯《家庭、私有制和国家的起源》
恩格斯《家庭、国家、私有制的消亡》
萧伯纳《结婚·前言》
罗素《婚姻与道德》
波伏瓦《第二性》

信 仰

引 言

  信仰很容易和信念混用。它们都是"信"氏家族的子孙,有人说信仰和信念长得很像,只相差一个字。但一字之差,差之千里。也有人说,信仰是信念的升级版,众说纷纭。要讲明白信仰,我们还需正本清源。

  信,早期金文 ![] , , ,造字本义:许诺,发誓。有的金文 ![], , ,表示用千言万语保证。晚期金文 ![] 将"千" ![] 改成"人" ![]。篆文 ![] 承续晚期金文字形。隶书 ![信] 将篆文的 ![] 简写成 ![言]。在现代商业社会,"诚信"是个人应具备的基本而重要的人格品质:言己所思为"诚";践己所诺为"信"。

  仰,曾经写作"卬",金文 ![],像一个位居高位、俯首下视的人 ![] 和一个跪着抬头朝上望的人 ![],造字本义:位低者抬头看位高者。"卬"作为单纯字件后,晚期篆文 ![] 再加"人" ![],另造"仰"代替。《说文解字》:"仰,举也,从人,从卬。"就是抬头注上看的意思。

  念,金文 ![], , ,造字本义:心中有所忆,口中有所吟。篆文 ![] 承续金文字形。隶书 ![念] 将篆文的

— 59 —

"心"　写成心。《说文解字》："念，经常惦记。字形采用"心"作边旁，采用"今"作声旁。"

大师人话

《新约全书·彼得后书》
信仰就是所希望的事物的实质，是未见之事物的辩证。

奥古斯丁
我所理解的东西，我也信仰它们，但我并不理解我所信仰的所有东西。因为，我认识所有我理解的东西，但是我并不认识所有我信仰的东西。而且，我仍然不理会信仰我所不认识的许多东西的用途何在……虽然大多数事物对我来说依然不能认识，但是我的确认识了信仰本身的有用性。

阿奎纳
科学和信仰不可能具有同一对象和同一角度的原因在于：科学对象是某种可见的东西，而信仰的对象是某种不可见的东西。

但丁
信仰乃憧憬之物的实质，也是未见之物的见证。我认为这就是信仰的要旨。

路德
信仰不能像一件作品、一种性质或者知识那样去得到证实；信仰的证明在于对上帝的美德具有自愿和坚定的信念并加以认同。因为，假如信仰仅仅是知识，那么魔鬼也必定会被拯救。因为它从创世那天就具有对上帝的造物和壮举，以及上帝本人的最完备知识。因而，信仰决不能被看成是知识。在某种程度上，它就是认同。

加尔文
信仰借以维系的根本点在于：我们不要把上帝赐予我们的那些宽恕的条件看作仅仅适用于其他人，而不是我们自己。我们应当把它们变成我们自身的东西，把它们包容在我们的心灵之中。

蒙台涅
有些人使世人相信他们正相信着他们并不相信的东西。还有其他不少人，由于不知道为什么要相信的原因，自己也感到他们正在相信他们并不相信的东西。

笛卡尔
天堂之路对于最无知的人和最有学问的人一样敞开着。

霍布斯
对于超自然法的信仰不是履行这个法律，而只是承认这种法律。

布朗
死者何以会重生，在我的信仰看来，并不是问题。仅仅相信可能性，并不是信仰，只是哲学。

帕斯卡尔
信仰确实说出了感官所没有说出的东西，但绝不是和他们所见到的相悖。它是超乎其上，而非与之相反。

如果我们使一切都顺从理智，我们的宗教就不会有什么神秘和超自然了。如果我们违反理智的原则，我们的宗教又将是荒诞而可笑的。

斯宾诺莎
圣经并不教人哲学，而只教人怎样服从。它所包含的一切都是适合大众的理解力和既定的看法的。

一方是借助理性而发疯，另一方将会是没有理性而发疯。

德莱登
信仰并不建立于那种穷根究底的徒劳。我们必须信仰的事物既不多，又平易。

莱布尼茨
信仰超越理智的藩篱，占领意志和心胸。此时，我们就不再需要去想到理性，也不再停留在心灵可能被卷入其中的论辩的困难了。

蒲柏
让那些缺德的狂热之徒为信仰的方式去厮杀吧；
那种正确地生活的人，是不会犯这种错误的。

休谟
任何导致荒谬的观点，必定是虚假的；
但不能因此断定，一个具有某种危险后果的观点，也是虚假的。

吉本
个人的兴趣和利益，通常是我们信仰的标准。就像它们也是我们实际活动的标准一样。

尼采
查拉图斯特拉：所有的神都已经死了，现在我们要让超人活起来！

信 仰

康德
信念在主观上充足，但在客观上不充足。主观上充足被称为确信（对我自己来说）；客观上充足被叫做确实（对所有人来说）。

阿诺尔德
信仰的海洋
从前也曾经充溢，像一条光亮的腰带，
连在一起，把大地的边缘环抱。
可现在我只听见
它的忧郁、冗长、退缩的咆哮，
推进椰风的喧响，
退回世界的浩瀚，荒凉的边沿
和赤裸裸的沙砾。

克尔凯郭尔
信仰是人心中最高的情感。也许，在每一世代中，有许多人都没有达到它，但是却没有一个人超越它。

梭罗
我们生而具有信仰。人承载着信仰，就像树承载着果实。

爱默生
的确，真正的信仰的考验，就在于看着它是否具有诱使和指挥心灵的力量。就像自然律对双手活动的控制一样，我们在遵从指挥中发现了快乐和荣耀。

赫胥黎
我们称作信仰的理性基础的那些东西，通常都是为我们本能辩护的极为非理性的企图。

密尔《论自由》

对于在各种场合未被驳倒的意见，假定其为真理是一回事；对它不许辩驳而假定其为真理，这是另一回事。

纽曼

（宗教信仰）千难万险都不足以使人怀疑。

托尔斯泰

在我们的世代，企图用信仰而不是用理性向人灌输精神的东西，就像企图不通过口腔而养育人类一样。

尼采

任何在其血管中具有神学血液的人，无不从一开始就对任何事物都具有错误和不诚实的看法，由此发展成的心理病症就叫信仰。

威廉·詹姆士

我们的信仰也是其他人的信仰；在最重大的问题上，情况几乎总是这样。

萧伯纳

危及我们社会的并不是不信，而是信仰。

杜威

在某种情况下，我们总是不得不行动；我们的行动以及其产生的后果实际上按照我们所选择的信念改变着。另外，或许可以这样说，为了发现将在根本上用理论判定某种信念（如自由的信念、上帝的信念）的证据，依照该信念去开始行动是必要的。

信 仰

小 结

"因为荒谬,所以信仰",德尔图良大主教的这句话给了理智的人们当头棒喝。信仰,是相信并且虔诚地仰望。信仰的世界里,没有怀疑,与理性无关,信仰注定是不现实的,高于现实的。通常来说,信仰是属于某种宗教的。比如犹太教认为,皈依上帝是信徒唯一的信仰。伊斯兰教坚持"万物非主,唯有真主",安拉是世界上唯一的真神。

信仰是对未知狂热的、盲目的顺从和相信。穆斯林的阿拉伯文意思就是"顺从者"。对于有宗教信仰的人来讲,信仰就是顺从神的旨意和安排,按照神的法则来行事,皈依神的启示。基督教世界最早的法律和"摩西十诫"关系紧密,犹太教和基督教里,先知摩西传达的正是上帝的意志。许多伊斯兰教国家,至今仍以伊斯兰教法来作为国家运行、社会生活的法律和准则,并不因为这些法律本身的公正,而是因为这一切是真主安拉赐予的信条。

信仰需要先信服,再仰望。对于虔诚的信徒,相信不需要理由,只需要接受、热情和勇气。信仰是超验的,也就是超出了人们的生活体验。所有的信仰核心都是造物主,但凭借人类有限的生活经验是不可能对造物主进行有效的证实与证伪。有神论者无法证明神灵的存在,无神论者也无法证明上帝不存在。

信仰是不平等的,人们需要仰望高高在上的神祇,但信仰又常常造就平等。信仰歌颂神的荣耀,意味着人类的卑微,意味着对所有的信徒不分高低贵贱一视同仁。基督教认为,所有的人都是上帝的子民,上帝面前一律平等。穆斯林去麦加朝圣,要穿上象征平等的白袍子——所有人都是真主安拉眷顾的对象。占据全球主流意识形态的现代西方平等观念,很大程度上都来自于宗教信仰。

信仰是一种生活方式的前提。信仰作为一种观念,常常来自于文化的传递。天主教、基督教家庭的孩子,往往在出生后不久就受洗入教,穆斯林的孩子生下来就是穆斯林。从出生就获得的信仰,意味着无条件地选择了一种世界观、价值观和人生观。有共同信仰的人们，就容易产生较为一致的认识、原则、道德。拥有共同信仰的社会成员，就拥有共识。共识是社会维系的重要条件，拥有共识，社会就难以分裂。

信仰的范围内没有理性，因为信仰解决的是理性之外的东西，是对生活体验层面之上的东西给出的解释。科学帮助人类解释人们所接触到的现实世界，信仰帮助人们解决科学不能解决的一些问题。科学给人亮出证据，描述事物之间的关联，而信仰只给人提供答案，给出最终极的解释。科学的本质是陈述事实，让人不得不相信，而信仰给了一个解释，让人心甘情愿做出选择。科学可以被证伪，但信仰的世界不能。求真求实的科学无法替代荒谬的信仰。因为人类永远无法认识自己所不能认识的世界，对于信仰给出的结论，人只能选择无条件相信，或者拒绝。

最坚定的信仰是从怀疑开始的，当人们开始质疑的那一刻，理智的火花并不能立刻带走他们的上帝。370年前的牛顿，他所取得的科学成就并没有让他从此远离神灵。到85岁寿终前，他写了150万字的神学著作，力图阐释清楚上帝是第一推动力。现在看来，科学家如此在意神学问题，似乎令人费解。而在16~18世纪的欧洲，这却并不是极端罕见的现象。现代科学刚发端的时候，教会的压力、传统观念的影响，让人们很难质疑圣经。

尽管宗教经典中纰漏百出，但并不意味着信仰毫无意义，毕竟科学不能解决一切问题。而且，如果用理性的方法去解决信仰的问题，注定只能让人在痛苦中纠结。布莱士·帕斯卡是法国数学家、物理学家、思想家，物理学中压强的单位就是以他的名字命名的。当他对科学的研究不断深入时，他始终感到教会与神的幽灵在他思想上徘徊。许多科学理论、事物规律，都和宗教的教义十分矛盾，越研究，越觉得寸步难行。他试图把宗教信仰和数学的理性主义调和起来，但一生的实践证明，这是行不通的。为了专心信奉宗教，他除了从住处搬到神学中心外，还专门制作了一条有尖刺的腰带缠在腰上，一旦发现了自己产生了什么对神不虔诚，或者想专心研究科学等邪念时，便用拳打腰带来刺痛肉体。

信仰象征着敬畏，有敬畏者有底线。没有人能说清楚这世界是否有鬼神，也未必所有的宗教经典都提供了正确的描述，但冥冥之中必然有一种不可知的

信 仰

力量制定了这个星球,乃至宇宙的游戏规则,不论它是有形、还是无形,叫耶和华还是叫安拉,或者就是规则本身。信仰意味着以某种形式来表达对"看不见的手"这一神秘力量的敬畏。比如,犹太教、基督教、伊斯兰教,信仰的是同一位上帝,面对的是同一个地狱和天堂。信徒畏惧地狱、向往天堂,就会遵守宗教的道德,就不容易丧失原则和底线。

信仰有时候扭曲成为迷信。大多数邪教都表现为把某一个人神圣化、神秘化、神奇化之后的盲目崇拜。唯一的办法就是:让上帝的归上帝,让科学的归科学。

信仰常常和信念有所交集,但又不同。信仰是人求诸于外的,信念则求诸于己。信念,是坚信,并且在心中反复铭记的事物。信念可以是对神祇的铭记,但更多的是对未来的期许。信念不存在平等与否,信念只有强弱。

信念偶尔会转化为近似信仰的情感,甚至产生类似为"信仰"献身的效果。信念来自对现世的认知、判断和选择。不断被强化的内心信念会越发坚定,并且由于过于坚信反而表现得失去现实理性。褒义词叫执着,贬义词叫偏执,究竟叫什么,取决于所导致的结果。据说海瑞深受四书五经的毒害,始终怀有"男女授受不亲"的坚定信念,自己5岁小女儿收了人家一个饼,就把女儿关禁闭致死。这种偏执信念就很可怕了。肌肉萎缩的物理学家霍金,取得了举世瞩目的成就,还客串过电视剧,看过脱衣舞,如果没有热爱生活的"执着信念",恐怕是办不成的。

信念是每个人都会有的,信仰却未必。西方社会是有信仰的,但中国有没有信仰却是一个话题。古代是有的,俗话说"人在做,天在看",就是对神的敬畏。天命,就是神明制定的规则。

总体来看,中国人是泛神论者,天地万物皆有灵。尽管天最大,但草精树怪、牛鬼蛇神,也常常被赋予灵魂,中国文化也倾向于不分鬼神一概崇拜。就看《聊斋志异》《西游记》里面,拜狐仙的、拜鲤鱼的,偷油吃的老鼠都能成精。《西门豹治水》里拜河神的、拜土地爷的,古代帝王封山拜岳的,神灵无处不在,处处都是信仰。

中国人也是实用主义者,绝不坚定地"信仰"某一个或几个神。中国人绝不讲究"信则灵"。先选择,后看结果往往不是我们的作风。而是"灵则信",不灵就不信。首先,要求显灵,必须吹糠见米,眼前、这辈子就得看到回报。这个庙烧香没效果,就换另一个。活着的时候总想着和神多拉几个关系,为的是到另一个世界也好办事。

中华民族是一个格外现实和理性的民族,即便是有所谓的信仰,也和西方完全不同。如果说西方基督教的信仰是遵从神灵制定的规则,那中国的信仰则是希望借助超自然的力量来实现个人的现实目的。尤其是在今天,我们所求只在此一世,他人所求则在永生。

经典推荐

《旧约全书》
奥古斯丁《论教师》
但丁《神曲》
加尔文《基督教原理》
笛卡尔《方法论》
布朗《一个医生的宗教信仰》
斯宾诺莎《神学政治论》
德莱登《世俗宗教》
莱布尼茨《方法论》
吉本《罗马帝国衰亡史》
尼采《查拉图斯特拉如是说》
康德《纯粹理性批判》
阿诺尔德《多弗海滨》
克尔凯郭尔《日记》
克尔凯郭尔《恐惧与颤栗》
梭罗《崇拜》
爱默生《在哈佛神学院的演讲》
赫胥黎《论人类的自然不平等》
密尔《论自由》

信　仰

纽曼《为自己的一生辩护》
托尔斯泰《论生活》
尼采《反基督》
威廉·詹姆士《信仰的意志》
萧伯纳《安多克勒斯和狮子》
杜威《美国实用主义的发展》

欲 望

欲（yù）(desire; pleasure-seeking desire)，俗字亦作慾，形声字。从欠，谷（yù）声。"欠"表示有所不足，故产生欲望。本义：欲望；嗜欲。《说文》："欲，贪欲也。"《荀子·正名》："欲者，情之应也。"《吕氏春秋·贵生》："六欲，生死耳目口鼻也。"《论语》："以欲竭其精。"——注："乐色曰欲。"

望，(朢 wàng)(gaze into the distance)，会意字。甲骨文字形，上面是"臣"像眼睛，下面是"壬"（tǐng），像一个人站在土地上远望。小篆又加"月"字，表望的对象。本义：远望。《说文》，按，此字疑当训远视也："望，出亡在外望其还也。"《玉篇》："望，远视也。"《礼记·内则》："豕望视而交睫腥。"

欲望，是指"对能给以愉快或满足的事物或经验的有意识的愿望"，也有"强烈的向往"之意义，还可指"肉欲或性欲"。司马光的《论衙前札子》："臣愚欲望圣慈特降指挥，下诸路州县相度上件里正衙前与乡户衙前，各具利害奏闻。"周煇的《清波别志》卷下："伏睹中天广内端门曰宣德，与京官名相犯，欲望选美名而更之。"岳飞的《乞出师札》："臣愚欲望陛下假臣日月，勿复拘臣淹速，使敌莫测臣之举措，万一得便可入。"巴金的《复仇集·哑了的三角琴》："似乎有一种快乐的欲望鼓舞着他。"

大师人话

柏拉图《国家》

苏格拉底：人很渴，却又不要饮水，有此事吗？

克劳孔：有的，这种情况经常发生。

苏格拉底：人们对此作何解释呢？你们会说，其人的灵魂中有某种东西要求他去喝，而另外一种东西禁止他去喝，不但如此，后者还远强于要他饮水的原则，是这样的吗？

克劳孔：我想是这样的。

苏格拉底：禁止的原则来自理性，要求和诱惑来自情感和疾病。

亚里士多德

欲望与理性的基本对象相同。欲望所求为虚善（外表事物），理性所求为真善（真实事物）。但思想（理智）既为起点，欲望自应后于思想，而思想故当先于欲望。

伊壁鸠鲁

我们必须认识到，有些欲望是自然的，其他的是虚妄的；有些自然欲望是必需的，而其他的仅仅是自然的。有些欲望是幸福所必需的，有些是肉体的宁静必需的，有些是直接生活必需的。对这些事实的正确理解，可以帮助我们根据肉体的健康，以及灵魂摆脱烦忧得到的自由，进行选择和回避，而这就是我们生活的目的。

莎士比亚

姑娘，这就是恋爱的可怕的地方，意志是无限的，实行起来就有许多不可能；欲望是无穷的，行为却必须受制于种种束缚。

笛卡尔

欲望的情感是一种由精神引起的灵魂的震荡，精神使它有意对未来要求欲望认为合意的事物。因此，我们不仅欲望缺乏的善能出现，也欲望现有的善能保留下来。进一步说，也就是不让罪恶出现，这两种欲望我们都已经有了，并且我们相信，我们在未来的时间里还能继续体验到。

阿奎纳

一切事物就其本身来说都有受对善的欲望支配的倾向，只是方式不尽相同。有些是因为其自然倾向，盲目地倾向于善，就像植物和无生命的物体那样，此种对善的倾向被称作自然欲望。其他东西则因有某种认识倾向于善：不是它们对善性的方面有所认识，而是对某一特殊的善有些认识；如感官感觉那样，它们能知道甜、白等性质。依附于这种认识的倾向，被称为感官感觉的欲望。还有东西倾向于善，但是在有认识的情况下，它们认识到善的本质方面，这就是理智。

马尔库·奥勒留

在有理性的动物当中，我看到的不是反对正义的德行，而是反对贪图享乐的德行，那就是节制。

蒙台涅

设想一下，一个心灵如何在两个力量相等的欲望中间保持完全的平衡，这是很有趣的。无疑，因为内在倾向和选择在价值上是不相等的，所以心灵将做不出什么决定。如果我们站在水杯和火腿之间，并且喝水和进食的欲望完全相同，那么我们无疑找不到任何解决办法，只有饥渴而死。

卢梭

十岁受诱于饼干，二十岁受诱于情人，三十岁受诱于快乐，四十岁受诱于野心，五十岁受诱于贪婪。人，到底何年何月才会只追求睿智？

斯宾诺莎

幸福不是德行的报酬，而是德行自身；并不是因为我们克制情欲，我们才享有幸福；反之，乃是因为我们享有幸福，所以我们能够克制情欲。

欲 望

亚当·斯密
每个人的食欲，都受胃的狭小容量的支配，而对于住室、衣服、家具及应用物品的欲求，却似乎无止境。所以，对自己所消费不了的剩余食物有支配权的人，一定愿意用剩余食物或其代价来交换足以满足其他欲望的东西，用满足有限欲望以后的剩余物品，来换取无限欲望的满足。

康德
一个男人之所以对一个女人产生欲望，不是因为她是一个人，而是因为她是一个女人。她是一个人的事实，对他是无所谓的。

密尔
一个人表现鲁莽、刚愎、自高自大，不能在适中的生活资料下生活，不能约束自己免于有害的放纵，追求兽性的快乐而牺牲情感上和智慧上的快乐——这样的人只能指望被人看低，只能指望人们对他有较少的良好欢感；而对于这点，他是没有权利来抱怨的，除非他以特殊的社会关系赢得他们的好感，从而具备资格博取他们的有益效劳，而不受他自身缺点的影响。

萧伯纳
生活中有两大悲剧：一个是失去你心中的欲望；另一个是获得欲望。

汤因比
人类是处于这样一种麻烦困惑的境地，他们是动物，同时又是自我意识的精神存在。也就是说，人类因为在其本性中具有精神的一面，所以他们知道自己被赋予了其他动物所不具备的尊严性，并感觉到需要维护它。

马斯洛
人是一种不断需求的动物，除短暂的时间外，极少达到完全满足的状况，一个欲望满足后，往往又会迅速地被另一个欲望所占领。人几乎整个一生都总是在希望着什么，因而也引发了一切。

孟子《孟子》

养心莫善于寡欲。其为人也寡欲，虽有不存焉者，寡矣；其为人也多欲，虽有存焉者，寡矣。

老子《老子》

不尚贤，使民不争；不贵难得之货，使民不为盗；不见可欲，使民心不乱。

是以圣人之治：虚其心，实其腹，弱其志，强其骨。常使民无知无欲，使夫智者不敢为也。为无为，则无不治。

《左传·昭公十年》

《书》曰"欲败度，纵败礼"，我（子皮）之谓矣。夫子（子产）知度与礼矣，我实纵欲而不能自克也。

朱熹

圣人千言万语只是教人存天理，灭人欲。

《列子·杨朱篇》

百年，寿之大齐。得百年者千无一焉。设有一者，孩抱以逮昏老，几居其半矣。夜眠之所弭，昼觉之所遗，又几居其半矣。痛疾哀苦，亡失忧惧，又几居其半矣。量十数年之中，逌然而自得亡介焉之虑者，亦亡一时之中尔。则人之生也奚为哉？奚乐哉？为美厚尔，为声色尔。

苏轼

暴君纵欲穷人力，神物义不污秦垢。

小　结

曾有纵欲者问苏格拉底："难道你没有欲望吗？""有。"这位哲人肯定地回答，"可我是欲望的主宰，而你是欲望的奴隶。"试问有几人能这样豪言壮语，要做"欲望的主宰"。芸芸众生在欲望的"主宰"和"奴隶"间摇摆不定。感性还是理性？享乐还是严苛？节制还是纵欲？

做欲望的奴隶已是众生的痛苦，因为有些欲望无法抵达，人生充满焦灼和躁动。而人还有做其"主宰"的愿望，这就是亚里士多德的"理性"、汤因比所说的"精神的一面"、弗洛伊德的"超我"，人生便在"尊严""羞耻""伦理""道德"与"欲望"之间纠结。

欲望，狭义上是"性欲"。从广义上来讲，欲望是人对一切能给以愉快或满足的事物或经验的有意识的愿望。不论是性欲，还是其他能给以愉悦满足的事物，追求它们是人之本性。人没有受虐的喜好，趋利避害是本能。短促一生，当然是寻求愉悦。

但这本能的正当性又很早便被人类否定，人把"欲望"与"恶"与"撒旦"联系在了一起。欲望是伊甸园里的蛇，是潘多拉的盒子，是皇后手中引诱白雪公主的毒苹果。于是，从习俗、文化、伦理、道德、宗教直至法律，都对人的欲望实施节制，给人的欲望戴上了镣铐。

当然，节制欲望有其必要性。比如，人的性欲，很多学者认为人类历史上的第一个性爱模式是杂乱性交，男人与女人可以随意地性交，在这样一个完全没有禁忌规避的状态中，性欲被无限制接受。但这个性爱模式会造成"知母不知其父"的后果，与优生优育违背，与稳定的社会结构违背，最终被人类淘汰，人类为了发展首先节制了性欲。又如人的征服欲和占有欲，成吉思汗认为"人生最大的幸福在胜利之中，征服你的敌人，追逐他们，夺取他们的财产，使他们的爱人流泪，骑他们的马，拥抱他们的妻子和女儿。"这样的欲望是"撒旦"，他的征服史，也是众多民族的血泪史。

人类尝到了欲望的恶果，于是人类给自己戴上了镣铐，这当然会不舒服。

但当有人告诉你，你戴着的不是镣铐，是最美的、最名贵的首饰，人便戴得心甘情愿。欲望的节制，也是这样。哲人把节制欲望道德化、神圣化、崇高化，提升为人的一种追求，最终内化为人的观念。其内化后的力量远远大于人的本能。孔子一句"不义而富且贵，于我如浮云"，激励了多少后生"舍生取义"。

一个人戴上镣铐，那是个人追求。一个群体，比如知识分子们，带上镣铐，那或许是这个群体的共同价值观。对欲望的节制，如果不是自选，而是被他人设定，则会演变成一种统治术。因出身而不能有追求财富的欲望，因性别而不能有追求自我意志的欲望，因年龄而不能有追求正常性需求的欲望，于是社会各个阶层各归各位，各自扮演各自的角色。这或许是最简单、性价比最高的统治术。于是，印度有种姓制度，古代中国有"君君、臣臣、父父、子子"和"三从四德"。

二十世纪初，马克·吐温写过美国的一个"道德镇"，每个居民都以勤俭高尚而引以为豪，但有个外来人，给模范公民发了"做一点不道德的事，就给你百万美元"的信件。结果没有人可以顶得住诱惑，小镇广场上的"上帝，给我们力量抵挡诱惑"也变成了"上帝，请给我们诱惑"。哲人们引以为傲的"意志"其实相当不可靠，不是哲人高估了自己，而是高估了人。人在诱惑面前，其实不堪一击。

近几百年来，人类走出传统，沿着自由的方向以前所未有的速度奔跑。当诱惑扑面而来时，上帝也无法阻止"道德镇"的崩塌。近几百年，人类经过了各种解放，有民族解放、有女性解放、有性解放、有挣脱父权夫权和家长制的解放、有脱离物质匮乏的解放、有思想言论的解放。

直至现在，已是一个欲望泛滥的时代。特别是消费文化引领下的大众文化，欲望永远不会嫌多。避孕技术，让性欲更肆无忌惮。广告的推销，让物欲无处逃遁。名利场，让权欲膨胀。虽然每个人都在这个时代享有更高的欲望满足度，但这个时代也被人称为最坏的时代。

当然，人们对欲望的认识，不再是"恶"简单的价值判断。正视欲望需要很大的勇气，比如在同性恋问题上，人们持更宽容的态度。在我们这个时代，被贴上"变态"标签的人越来越少。一些人甚至开始肯定欲望。马斯洛曾指出，人就是一种不断需求的动物。而弗洛伊德把人的意识结构分解为

"本我""自我""超我",他认为"本我"是人与生俱来的生命冲动,受性本能的支配,和所有动物一样要寻求快乐和满足,性本能潜藏在人的意识深处,构成人所有活动的原动力。欲望被肯定为人的基本动力。

萧伯纳借门多萨之口早已说出:生活中有两大悲剧,一个是失去你心中的欲望,另一个是获得欲望。欲望就是这样一个悖论,不论得到还是得不到,都是悲剧。对于欲望的节制,从原始社会的放纵,到古代社会的紧缩,再到现代社会的放宽,人类绕了一个圈,但并不是回到原点。欲望是需要正视的,但也是需要合理节制的。对于一个平凡人来说,欲望和道德一样,做好自律,缩小他律范围,区分公共空间和个人空间便足矣。

经典导读

柏拉图《国家》
亚里士多德《形而上学》
莎士比亚《特洛伊罗斯与克瑞西达》
笛卡尔《灵魂的情感》
阿奎纳《神学大全》
卢梭《爱弥儿》
斯宾诺莎《伦理学》
亚当·斯密《国富论》
密尔《论自由》
萧伯纳《人与超人》
马斯洛《马斯洛人本哲学》

平 等

平（píng），指事字。小篆字形，从于，从八。"于"是气受阻碍而能越过的意思，"八"是分的意思，气越过而能分散，语气自然平和舒顺。本义：语气平和舒顺。《说文》中："平，语平舒也。"《诗·小雅·伐木》："终和且平。"

等（děng），会意字。从竹，寺声。寺官曹之等平也，寺者，简册杂积之地，寺亦声。本义：整齐的简册。《说文》："等，齐简也。"有"等级、辈分（class；grade）"之意，《吕氏春秋·召类》："士阶三等。"《史记·留侯世家》："皆陛下故等夷。"

平等，也是佛教名词，指一切现象在共性或空性、唯识性、心真如性等上没有差别。《金刚经·净心行善分》："是法平等，无有高下，故名无上正等菩提。"唐代顾况《从江西至彭蠡道中寄齐相公》诗："本师留度门，平等宽亲同。"清代纪昀《阅微草堂笔记·如是我闻一》："以佛法论，广大慈悲，万物平等。"

等在汉语里有"相等"之意，多指人们在社会、政治、经济、法律等方面具有相等地位，享有相等待遇。《百喻经·二子分财喻》："尔时有一愚老人言：教汝分物使得平等，现所有物破作二分。"黄遵宪《纪事》诗："红黄白黑种，一律平等视。"中国近代史资料丛刊《辛亥革命·郭孝成〈蒙古独立记〉》："若以本代表所闻，民国成立，汉、满、蒙、回、藏一律平等，确无疑义。"

大师人话

希罗多德
权利平等不只是在个别事例上，而是在许多事例上被证明是一件绝好的事情。当雅典人被置于僭越者统治下的时候，他们在战争中不比任何的人高明。可一旦摆脱了僭越者的桎梏，他们就远远地超越了旁人。这表明，在他们受到压抑时，就仿佛是为主人做工的人们一样，宁肯做个胆小鬼；而当他们被解放的时候，每一个人都会竭心尽力地为自己做事了。

亚里士多德
平民政治唯一的基本原则就是以个人的价值为根据，让所有人幸福生活的平等原则。

莫尔
因此，我深信，只有完全废止私有制度，财富才可以得到平均公正地分配，人类才能有福利。如果私有制度仍然保留下来，那么，大多数人类，并且是最优秀的人类，就会永远被压在痛苦难逃的悲惨重负之下。

霍布斯
在单纯自然状态下，不存在谁比较好的问题，人人都是平等的。现今存在着的不平等状态是由于市民法引起的。……因此，如果人们生而平等，那么这种平等就应当予以承认；如果人生而不平等，那也是因为自认为平等的人们非在平等的条件下不愿意进入和平状态。这种平等同样必须得到承认。因此，我所制定的第九条自然法则就是：每一个人都应当承认他人与自己一样，是生而平等的。

洛克

这也是一种平等的状态，在这种状态中，所有的权利和管辖就是相互的，没有人享有比别人多的权利。很明显，同种和同等级的人们，既然生来就享有大自然赋予的同样的有利条件而毫无差别，能够运用相同的身心能力，那么所有人就应该是平等的，不存在从属或受制约的关系。除非他们全体的主宰以某种方式昭示他们的意志，将一人置于另一人之上，并明确地委任他赋有不容置疑的统辖权和主权。

孟德斯鸠

我应该指出，我所谓品德，在共和国的场合，就是爱祖国，也就是说，爱平等。这不是道德上的品德，也不是基督教的品德，而是政治上的品德。它是推动共和政体的动力，正如荣耀是推动君主政体的动力一样。因此，我把爱祖国、爱平等称为政治的平等。

孟德斯鸠

真正平等的精神与极端平等的距离，就像天和地一样。前者并不意味着每个人都应当指挥或都不应该被指挥，而是我们服从或指挥与我们平等的人们。这种精神并不打算动摇主人的权威，而仅仅是要与我们平等的人去当主人。

在原始时代，人一生出来就都是真正平等的，但这种平等是不能继续下去的；社会使人们失掉了平等，只有通过法律才能恢复平等。

卢梭

至于平等，这个名词绝不是指权力与财富的程度应当绝对平等。而是说，就权力而言，它应该不能成为任何暴力并且只有凭职位与法律才能加以行使；就财富而言，则没有一个公民可以富得足以购买另一人，也没有一个公民穷得不得不出卖自身。

黑格尔

关于财产的分配，人们可以实施一种平均制度，但这种制度实施的短期就会垮台，因为财产依赖于勤劳。所以，行不通的东西不应诸之实施。其实，人们当然是平等的，但他们仅仅作为人，即在他们的占有来源上是平等的。从这个意义上说，每个人必须拥有财产。所以我们要谈平等，所谈的应该就是这种平等。但是特殊性的规定，即我占有多少的问题，却不属于这个范围。由此可见，正义要求个人的财产一律平等这种主张是错误的，因为正义所要求的仅仅是个人都应该有财产而已。其实，特殊性就是不平等所在之处，这里平等反倒是不合法的了。的确，人们往往只贪求他人的财产，但这正是不合法的，因为法对特殊性始终是漠不关心的。

杰斐逊

使人人享有机会均等的人权和幸福，现在被认为是唯一正当的政治目标。现代也有其显著的优越之处，因为它已经发现了保障这些权利的唯一办法，即不是由人民亲自实行的而是由他们推举的代表，即每一个贡献财力或人力以支持国家的成年人实行的民治。

潘恩

人权平等的光辉神圣原则（因为它是从造物者那里得来的），不但同活着的人有关，而且同世代相继的人有关。根据每个人生下来在权利方面就和他同时代人权利平等的同样原则，每一代人同它前代的人在权力上都是平等的。

任何一部创世史，任何一种传统的记述，无论来自有文字记载的世界或无文字记载的世界，不管他们对于某些特定事物的见解或信仰如何不同，但在确认人类的一致性这一点上则是一致的。我的意思是说，所有的人都处于同一地位，因此所有的人生来就是平等的，并且具有平等的天赋权利，恰像后代始终是造物主创造出来而不是当代生殖出来的，虽然生殖是人类代代相传的唯一方式；结果每个孩子的出生，都必须认为是从上帝那里获得生存。世界对他就像对第一个人一样新奇，他在世界上的天赋权利也完全是一样的。

马克思

各阶级的平等，照字面上理解，就是资产阶级社会主义者所拼命鼓吹的

"资本和劳动的协调"。不是各阶级的平等——这是谬论，实际上是做不到的——相反的是消灭阶级，这才是无产阶级运动的真正秘密，也是国际工人协会的伟大目标。

恩格斯

这样，平等的观念，无论以资产阶级的形式出现，还是以无产阶级的形式出现，本身都是一种历史的产物。这一观念的形成，需要一定的历史关系，而这种历史关系本身又以长期的以往的历史为前提。所以这样的平等观念什么都不是，就不是永恒的真理。如果，它——在这种或那种意义上——现在对广大公众来说是不言而喻的，如果它像马克思所说，"已经成为国民的牢固的成见"，那么这不是由于它具有公理式的真理性，而是由于十八世纪的思想的普遍传播和仍然合乎潮流。

托克维尔

民主制度唤醒并抚育着对平等的激情。对于平等，人们永远不会满足。这种完全的平等，在人们每每认为他们已获得了它的时候，便巧妙地逃遁了，正如帕斯卡尔所说的那样，"飞了，永远地飞了"；于是，人们又一次被激励着去追求它。这一点是非常珍贵的，因为要想享受到平等，既不能轻而易举地获得它，也不会根本无法获得它。较低下的阶层被成功的机会所煽惑，又为它的不确实性而恼怒；他们从热情追求变为疲于奔命，最终充满失望之情。无论什么超出本身限度的事，都会成为对其希求的障碍，而无优势可言，尽管它可能是合情合理的。但在他们眼里，对于平等的追求是不会使人厌倦的。

美国《独立宣言》

我们认为以下真理是不言而喻的：人人生而平等，造物主赋予他们某些不可转让的权利，其中包括生命权、自由权和追求幸福的权利。为了保障这些权利，人们建立起来被管辖者同意的政府。任何形式的政府，一旦破坏这些目标，人民就有权利去改变它或废除它，并建立一个新的政府。

林肯

在这个世界上，没有理由不让黑人获得《独立宣言》中所列举的全部天赋人权，即一个人生存的权利、自由的权利和追求幸福的权利。我坚持认为，黑人应当同白人同样多地获得这些权利。

《孟子》

曹交问曰："人皆可以为尧舜，有诸？"

孟子曰："然。"

《秋水》

以道观之，物无贵贱，以物观之，自贵而相贱。以俗观之，贵贱不在己。以差观之，因其所大而大之，则万物莫不大；因其所小而小之，则万物莫不小。

《史记·陈涉世家》

且壮士不死则已，死即举大名耳，王侯将相宁有种乎？

孙中山

吾人今欲改造新国家，当实行三民主义。何谓三民主义？即民族、民权、民生之主义是也。民族主义即世界人类各民族平等，一种族不能为他种族所压制。民权主义即人人平等，同为一族，绝不能以少数人压制多数人。人人有天赋之人权，不能一君主而奴隶臣民也。民生主义，即贫富均等，不能以富等压制贫者是也。

伏尔泰

所有的人生来都具有一种相当强烈的倾向，即喜爱统治、财富和欢乐；并且对于懒惰有很大的兴趣；因此人人都愿意得到别人的金钱、妻子或女儿，作别人的主人，随心所欲地役属别人，自己什么事都不做，或者至多只做一些非常对胃口的事情。你可以很清楚地看到，人们是不可能平等的，正如两个说教者或两个神学教授不可能不互相嫉妒一样。

卢梭

我认为在人类中存在两种不平等：其一，我称之为自然的或生理上的不平等，因为它是基于自然，由年龄、健康、体力及智慧或心灵的性质不同而产生的；另一种可称为精神上或政治上的不平等，因为它是依据一种协议，基于或至少是大家认可它的存在而产生的。后一种不平等包括一些人由于损害别人而得以享受的各种特权，例如，比别人更富有、更光荣、更有权势，甚或有能力使别人服从他们。

卢梭

我现在就要指出构成全部社会体系的基础，以便结束本章与本卷，那就是，基本公约并没有摧毁自然的平等，反而是以道德的与法律的平等来代替自然所造成的人与人之间身体上的不平等；从而人们尽可以在力量上和才智上不平等，但是由于契约并根据权利，却是人人平等的。

狄德罗

公民们在权利和财产上越平等，国家就越太平。似乎只有民主制度之下才能得到这种好处，而其他一切政体都得不到。但是在民主制度下，即使这种民主制度是最完善的，社会成员之间的绝对平等也仍是一种幻想，而且说不定这种政体瓦解的端倪正在于此。

赫胥黎

人确非生来自由，也并非天然平等；在他们出生之际，政治意义上所说的"自由"和"平等"并未能随之而来；当他们年复一年地成长起来的时候，真正与生俱来的政治潜力的差异，便越来越明显，逐渐表现为实际的差别——政治才干上的不平等，这种不平等是自然力不平等的必然结果之自我表现。

小　结

《简·爱》里简说:"如果上帝赐予我财富和美貌,我会使你难于离开我,就像现在我难于离开你。上帝没有这么做,而我们的灵魂是平等的,就仿佛我们两人穿过坟墓,站在上帝脚下,彼此平等——而且本来就如此!"

尘归尘,土归土。基督教里关于上帝与选民的关系,只是给了我们一个超验的平等——穿过坟墓后的平等。但在这个时空,平等和不平等,还是一个需要验证的问题。

别人吃着肉,你喝着粥,你会觉得不平等。如果你吃着肉,别人喝着粥,对于你便没有平等与不平等的问题。"平等"这个观念,这个假说,是人们发现存在不平等之后出来的,就像没有"左"何来"右",没有"上"何来"下"。既然"平等"来源于"不平等",不论"平等"存在否,"不平等"是确实存在的。

关于人类的"不平等"是个事实判断。

卢梭把人类经历的不平等分为三个阶段,第一阶段,其特点是财产权的确立,使得富人和穷人不平等;第二阶段,是法律和官员制度的设立,使得强者和弱者不平等;而在第三阶段,合法权力转向专制,贫富差异、强弱差距发展到极点,直到暴君被新的暴力推翻,重新回到平等的原点。由于权利和财富分布不均带来的不平等,是人类社会最广泛,也是最显而易见的不平等。

当权力集中,人便有了"高贵"和"低贱"之分。如果你以"建筑史"和"文明史"的角度看埃及的金字塔、古罗马的斗兽场和中国的秦兵马俑,你或许会感叹他们非凡的气势和所谓的人类智慧的结晶。但当你以人与人"不平等"的角度看,这些建筑又是多少人用自己的人生在"低贱"的标签下去完成"高贵"之人的一己之私欲。这些建筑其实是人类"不平等"史的证物。

当财富集中,人便有了"富有"和"贫穷"之分。"朱门酒肉臭,路有冻死骨"。但你告诉富有之人,你家没有米可以下锅了。他会问你为什么不吃肉呢？人最基本的生存权，最基本的吃、穿、住，由于财富的不均分布，有些人活得"赛神仙"，有些人却没有基本的尊严。

但人类除了"财富""权利"这种后天事实上的不平等，随着人类社会的发展，人类观念世界、道德世界、伦理世界的不断建构，更多的价值判断也使人与人分化出三六九等。

比如，同样是一对眼睛、一个鼻子、一张嘴，同样的身体结构，但人就能分出"美"和"丑"。远古是丰乳肥臀便为美，西汉赵飞燕的细腰曼舞为美，唐朝杨贵妃的丰腴体态为美，现如今林志玲为美，凤姐为丑。她们同为女性，但关于女性的观念，使得她们不平等。

"男尊女卑""士农工商""好男不当兵，好铁不打钉""万般皆下品，唯有读书高"，这些根植于我们思想的观念，如空气一样稀松平常，但也是"不平等"的恶瘤。

"不平等"有后天事实的，有观念的，更有娘胎里带来的。

在原始社会里，同一个部落里的人们为了抵御恶劣的环境，便抱团求生存。他们对内共同劳动、均分财产，对外同仇敌忾、英勇战斗。原始部落有很多人类现在都倡导、羡慕的美好公德，如"纯朴""团结""关爱"，当然他们也平等。

但平等的美好世界，如何衍生出来的私有制、等级制呢？其实，不平等根植于我们基因，一些人更勇猛，富有力量，他可能会成为原始部落的军事首领。一些人有更好的记忆力，甚至会创制或记忆符号，他可能就成为部落里与"天"通话的人。就像世界上找不到两片相同的树叶，世界上也找不到两个完全相同的人。那些外在的财富、权利，甚至生来的相貌，都还是现象上的不平等。但你的基因，却是娘胎里生来的不平等，是人类永远也摆脱不了的魔咒。

相对于不平等是个事实判断，"平等"却是人的价值判断，是那些闪耀着智慧光芒、怜悯着芸芸众生的大师们，他们针对"不平等"的现象提出了"平等"的观念。

在基督教里，不论是异邦人、奴隶，还是麻风病人、妓女，上帝都接纳他们成为信徒。在信徒之间，大家都是兄弟，在神的面前享有平等地位和权利。这一宗教信仰，在超越地缘亲缘血缘的人之间，建立起了最基本的可以互动的平等和基本信任。

起源于古希腊后期的斯多葛主义，比较早地提出了众生平等的观念。因为斯多葛主义认为宇宙是一个统一的整体，这个整体都在一个共同法则的支配下，即"自然法"。同时，人都是生物学意义上的一个相同的类，在这种意义上，所有的人都是一样的。因此，无论出身、种族、财富、社会地位如何不同，人都受自然法的支配，作为一个人，他们都是平等的。西塞罗就曾指出，在给人下定义时，应该是适用于所有的人。

而欧洲启蒙运动进一步推动了平等观念。洛克、卢梭等思想家从人的"自然权利"出发论证平等观念，他们提出人类在建立文明社会以前曾处于一种和平、亲善和互助的自然状态，这个状态中人人都享有平等权利，从而衍生出了以洛克为代表的自由主义的平等观念，以及以卢梭为代表的社群主义的平等观念。而马克思批判地继承了启蒙运动的思想，认为应该以消灭私有制来建立人与人之间的平等关系。

1776年，美国的《独立宣言》是平等观念的结晶："人人生而平等，他们都有从他们'造物主'那边赋予的某些不可转让的权利，其中包括生命权、自由权和追求幸福的权利"。

平等还是人与社会的最大公约数。平等，如公平正义、自由一样，保证每一个人作为人的权利。说简单一点，它能让每个吃粥的人有机会吃肉。平等，还使社会互动成为可能，只有平等，不是上贡或施恩，不是强取豪夺，有利于激发每个人创造力和冒险精神，使公平交易成为可能。

最后，平等是争取而来的。虽然"天赋人权"的观念已被众人所共知，但"平等"绝不是生而有之。如果没有攻占巴士底狱，法国人还没有平等。如果没有波士顿倾茶事件，美国人还低人一等。如果没有马丁·路德金的"I have a dream"，美国黑人还没有平等。平等，是源自于宗教或伟人们的观念，却是一代甚至几代吃粥之人争取而来的，他们或许付出了青春，或许付出了生命，只为这样一个观念——人生而平等。

经典导读

希罗多德《历史》
亚里士多德《政治学》
莫尔《乌托邦》
霍布斯《利维坦》
洛克《政府论》
孟德斯鸠《论法的精神》
卢梭《社会契约论》
黑格尔《法哲学》
杰斐逊《致科拉伊的信》
潘恩《人权论》
马克思《国际工人协会总委员会致社会主义民主同盟中央局》
恩格斯《反杜林论》
托克维尔《美国的民主》
美国《独立宣言》
林肯《与道格拉斯的辩论》
孙中山 《三民主义》

理 性

引 言

人的理性常常被用不同的词语表述，比如"智力""理智""精神""智慧""心智"等。不论何种表述方式，均包含了某种一致的含义：人们面对复杂问题，快速抓住要旨，解决疑难，进行判断、推理，并快速反应形成决策的能力。

英文中的理性主要有两种表述：reason 和 rationality，它们是一组高度相关却有微小区别的概念。Reason 的基本含义是"计数"，源自希腊词根 logos，这个词根也同时派生出英文词 logic，中文音译即为"逻辑"。Logos 被视作自然法则，柏拉图认为，人是一种具有理性的存在，可以通过理性来分析、判断复杂的系统。Reason 是人类通过逻辑进行思考、理解，形成判断的精神力量；被认为是人与动物之间的分界线，人与神之间的边界。

Rationality 来源于拉丁文词根 ratio，在中世纪的英文里，这个词已经基本成型。相比 reason 的抽象，其哲学、宗教意味更加现世化。例如，15 世纪宗教改革和文艺复兴促成了近代科学体系的形成，因此现代化 modernization 有时候也被称为理性化，rationalisation。

另外，相对 reason，在经济学中使用 rationality 的时候更多。经济学家张维迎也曾经提到过两者的区别，认为 rationality 也更具有"合理性"的意味。

大师人话

雷·普理查德
沉思诸物的心灵重于世间的圣殿。

亚里士多德
称灵魂为"形式之地"是一个好主意，虽然这个描述只适用于理智的灵魂，甚至这只是潜在的，而非真实的形式。

心灵自身是与其对象一样地可被思想的。因为在对象不含有任何物质的情况下，思维主体与思维对象是同一的。

爱比克泰德
感谢上帝吧，为了他赐予我们的视力和听力，实际上还有我们的生命本身，为了那些维持生命之物，为了干燥的果实，为了美酒和精油。但是别忘了，他还赐予我们高于这一切的东西，我指的是那种使用、验证，并估价这些东西的能力。不是别的，那就是意志的能力。

马基雅维利《君主论》
知者有三类：一类人独立理解；另一类人论述他人的理解；第三类人既不独立理解，也不利用他人的理解。第一类是最优秀的，第二类尚好，第三类则属于无用之辈。

路德《桌边谈话》
沉闷的思想致使肉体染疾。一旦灵魂受压迫，身体亦受到牵连。

加尔文《基督教原理》
无论何时，只要我们与异教作家相会，我们学学那些令人敬佩地展现于他们作品中的真知吧。我们将看到,尽管人类的心灵失去真诚而堕落和腐败,但仍然被上帝用杰出的才智去充实和装饰。

莎士比亚

哈姆雷特:一个人要是把生活的幸福和目的,只看作吃吃睡睡,他还算个什么东西?简直不过是一头畜生!上帝造下我们来,使我们能够这样高谈阔论,瞻前顾后,当然要我们利用他所赋予我们的这一种能力和灵明的理智,不让它们白白废掉。

培根

人的心灵远不具有一面光洁平滑的镜子所具有的性质,即使事物的真实情况反映到镜中。实际上人心很像一面魔镜,满是疑虑和欺骗,除非人心得到帮助和转变。

培根

人类的理解力依其本性,容易倾向于把世界中的秩序性和规则性设想得比所见到的多一些。

笛卡尔

何谓思想?在此我发现思想是属于我的一种属性;他不能独立地与我分离。我活着,我存在,这是确定无疑的。但何时?正当我思考之时。因为可能有这种情形,如果我完全停止思想,我将同样一举不复存在。我现在不承认一切非必然的真实的东西;准确地说,我只不过是思想着的物质,也就是说是一个心灵或灵魂,或一种理解、一条理由,这些术语的意义我以前全然不知。总之,我是实体,我真实地存在着,但什么样的实体?我已经有答案:思想着的实体。

霍布斯

人们隐秘的思想是无所不包的,无论神圣的、亵渎的、圣洁的、淫秽的、庄重的、轻佻的事情，莫不尽有。既没有羞愧，也没有谴责。宣之于口时，则不能超出判断所能许可的时间、地点和人物。

帕斯卡尔

理智之命令我们，要比一个主人更专横得多。因为不服从主人，我们就会不幸；而不服从理智，我们却会成为蠢材。

弥尔顿

心是以自家为宅院，
它可以化地狱为天堂，
也可以化天堂为地狱。

斯宾诺莎

人，即是能思想者。
思想的永恒的样式的全体，便构成神的永恒无限的理智。

莱布尼茨

使我们与单纯的动物分开、使我们具有理性和各种科学、将我们提高到认识自己和上帝的东西，则是对于必然和永恒的真理的知识。这就是我们体内的"理性灵魂"，或曰"精神"。

洛克《人类理解论》

外界的物质东西，是感觉的对象；自己的心理作用是反省的对象。我们的一切观念之所以能发生，两者就是它们唯一的来源。

人虽然思维玄妙、天马行空，但尽情驰骋的能力也无法超过感官或反省所提供给它的那些思维的材料——观念之外。

休谟

我们的思想似乎有这种无限的自由，但在我们细密考察之后，就会发现它其实是局限在很狭窄的范围内的，而且人心所有的全部创造力，只不过是把感官和经验供给于我们的材料混合、调换、增加或者减少罢了。我们的一切观念或者较微弱的知觉，都是印象或者较活的知觉的摹本。

卢梭
衰弱之躯造就薄弱意志。

康德《纯粹理性批判》"先验辩证论"
在经验的领域之外，并没有能作为理性对象的东西。

雪莱
他赐予人类以言语，言语创造了思想，思想是宇宙的尺度。

黑格尔
意志而没有自由，只是一句空话；同时，自由只有作为意志、作为主体，才是现实的。精神一般说来就是思维，人之异于动物就是因为他有思维。

叔本华
伟大的智力天才意味着一种本质上出类拔萃的神经质，由此而来的是一种对各种形式的苦难的高度敏感。

卡莱尔
思想，一切之中最真实的劳动，最高的善，难道它不是痛苦之产物？犹如诞生于黑色旋风之中——实际上，真实的努力，好比奴隶为自身的自由而战：那就是思想。

克尔凯郭尔
不自相矛盾的思想家，就好比一个没有感情的恋人；一个毫无价值的平庸者。思想的最高的自相矛盾，是企图发现思想无法思考到的东西。

爱默生
世上最艰巨的使命是什么？思考。

爱默生
面对人共有的心灵，每一个人都是朝着它的一条通路。一旦被纳入理性的范围，他就成为拥有全部财富的自由人。

柏格森
自然是整个的东西，而理智的功能就在于从它的整体去把握它。

对有些人来说，理智所掌握的是实在本身；对另外一些人来说，它所掌握的只是一个幻象。但幻象也罢，实在也罢，理智所掌握的东西就被认为是能够达到的一切。

赫胥黎
大脑只是智力显现所依赖的许多条件之一。其他条件主要有感觉器官和运动机制，尤其是那些与领悟和清晰的言语有关的器官。

威廉·詹姆士
意识并不是衔接的东西，它是流的。形容意识最自然的比喻是"河"或者"流"。此后，我们说到意识的时候，让我们把它叫做思想流或意识流。

萧伯纳
听从理性的人是迷茫的：理性使那些心灵不够健全、难以驾驭它的人成为它的奴隶。

罗素
理性也许是一股不大的力量，但它是持续的，它始终朝着一个方向努力，而那些非理性的力量则在无益的倾轧中互相毁灭。因此，非理性的每次狂乱都将使理性之友强大，并表明理性是人类唯一的真正朋友。

弗洛伊德

我们对未来的最大希望是：理智——科学精神、理性——将最终统治人的心灵。理性的本性是一种保证，即保证它不会败给人的感情，败给所有那些受到感情支配的心理情绪，感情有权决定它们。

杜威

人的思想阻止他的冲动直接表现出来，除非把那些冲动与其他可能的行为趋向连接起来，以便形成一个更全面、更连贯的行动计划。

小 结

借自星月的微弱之光
照耀孤寂、疲惫的路人
犹如理性照耀灵魂
　　　　——德莱登《宗教俗化》

如果世界上有超自然的造物主存在的话，理性就是上帝赐予人类的最好礼物。《圣经》中最富有的国王所罗门在接受上帝的祝福时，只索取了一样——明辨是非的智慧。一切的智慧，恰恰都产生于理性的沃土。这正是人类与飞禽走兽的分野。

理性来源于人类的抽象思考。休谟说："理性是一种不可思议的直觉。"理性对于人类的意义正如德莱登所揭示的那样重要，理性就像一束光，没有理性，人类的灵魂就只能是一个黑暗的洞穴；没有理性，我们就和我们那些毛茸茸的远亲们没什么区别；没有理性，人类就只能拥有混沌而又狂乱的力量；没有理性，精神的种子就永远被封印在永恒的冰川之中无法长大。

桑塔亚那在名作《理性生活》中写道："当确定的目的被识别出来，当事物的价值根据这一标准被估计出来，行为同时也随着估计转向和谐，那时候理性就诞生了。"理性产生于对世界的条分缕析，在努力捕捉无序的信息之后有序的关联的过程中，人类的理性意识就开始了萌芽。古希腊人认为，理性的规则是逻辑。亚里士多德曾专门撰写《工具论》以论述这一理性原则。

理性常常和感性相对，感性代表的是经验主义。两者可以看作哲学的不同路径，也体现了两类人类认识世界的传统。理性意味着依靠逻辑、推理来认识世界，感性主要指的是依赖经验来看待问题，很难找到一个尖锐否定另一方的人，因为很多人并不认为两者之间非黑即白、不可调和。比如，笛卡尔的观点，以及轴心时代的哲学家柏拉图，他们都比较倾向除了一些永恒真理需要依靠理性推论来得到，其余的大部分知识需要借助生活经验、必要的技术手段来得到。

哲学的理性往往过于玄妙，以形而下的视角来看理性便很容易产生贴近生活的观点。比如，古典经济学认为人是理性的，所以人是"经济人"。经典的说法是：人们总是面临取舍，在取舍中每个人都希望实现利己的结果。每一个理性的人只关注自己获得或者失去的实实在在的利益，并且都试图以自己最小的损失来获得最大的回报。因而一些学说认为，如果每个人都出于利己的动机而行事，社会反而会趋于和谐。

然而，人却是"有限理性"的，人类理性的城堡不得不建筑在感性的沙滩上。这也正是纯粹"理性人"广受诟病的原因。正如大多数人无法摆脱感性认识的束缚，或许理性的一切"所作所为"都不过是在为感性认识包装、辩护。当西方第一位哲人泰勒士宣布"水是万物的始基"时，泰勒士就是运用他的理性来去推论这个世界的本质。尽管立志用绝对理性去洞悉世界的人们认为，不应该用有限的生活体验去观察如此高深的问题，然而在这一石破天惊的论断中仍然没有彻底摆脱水的具体化、个别化的特质。理性总是很难养好感性的伤疤。

纵横八万里，上下五千年，感性总是像一个受气的"小媳妇"，被理性的光辉照耀得不知所措，但也总在一些最见不得光的角落跳出来，狠狠地把人折腾一下，让人们知道，在理性的人家里，也是"小媳妇"当家做主。理性地位如此崇高，甚至被人推上了神坛。不知道什么时候开始，理性就等于正确，科学就是"好"的化身。但正如科学精神只不过是追求实事求是一样，理性主义也仅仅是主张通过非经验的方式来寻找知识。笛卡尔认为，这种理性方法要高于并且独立于感官感知，但他可从来没有写过保证书宣称理性主义一定就是"正确主义"。

理性的并不总是正确的、符合事实的。最简单的例子莫过于，西方第一位哲人泰勒士的"水是世界的始基"的论断，这个判断无疑是一个理性判断。这个论断涵盖着认识论的基础和秩序，涵盖着从无数具体的事物，以及它们所构成的一个多元化的统一整体，它们都可以细化为水，因此"水化万物"。这是千百次具体的观察分析的结果，是对具体生活体验抽象后的结果。但作为一个足够理性的判断，它却并不是一个足够接近真相的观点。包括其他的各种关于世界本源的推论，诸如中国的"气生万物"，毕达哥拉斯学派的"数是万物的始基"，都是理性的产物，但却不可能都成为真相。

理性曾经被放置在一个非常高的位置。桑塔亚那说："理性诞生了，一个道德的世界就出现了。"然而，就像文明并不总让人类进步，反而可能成为束缚一样，理性也并非总给人类以高尚的结果。

过分理性就是一种冷血。通俗地说，或者就叫做不择手段。看起来感情用事的家伙，相比充满理性的人，确实显得更加冲动和幼稚。但过分强调理性，就必然会使理性走向人类的对立面。诚然，不可否认理性是，人之为人的重要因素，但非理性作为人性的一部分，也绝对是人性中不可为抹杀的成分。理性的人不见得干的都是好事。奥斯威辛的毒气余味仍在，古拉格群岛的魅影犹存。

感性是非理性，但感性并不是反理性。20世纪以来的理性危机，需要面对的对手是各种非理性和反理性的思潮。后现代主义、宗教哲学认为，人们似乎"因为荒谬才可信，正因为不可能才肯定"。尽管应者寥寥，但作为对20世纪悲惨遭遇的深刻反思，人们还是在理性的废墟里挑挑拣拣，在理性的荒原上恋恋不舍地向上帝祷告。

经典推荐

《圣经》

雷·普理查德《所罗门的智慧》

亚里士多德《论灵魂》
爱比克泰德《语录》
马基雅维利《君主论》
加尔文《基督教原理》
莎士比亚《哈姆雷特》
培根《新工具》
笛卡尔《形而上学的沉思》
霍布斯《利维坦》
弥尔顿《失乐园》
卢梭《爱弥儿》
罗素《怀疑论集》
萧伯纳《人与超人》
赫胥黎《人与低等动物的关系》
莎士比亚《哈姆雷特》
德莱登《宗教俗化》
莱布尼茨《单子论》
威廉·詹姆士《心理学原理》
叔本华《人格》
杜威《经验与教育》

引 言

"丑"其实并不丑。早先,"丑"可是相当美好的意思:万物萌动,可以动手大干一场。自从和另外一个字"醜"幸福地走到了一起之后,二者意思合并,"丑"过去的积极意义就消失了,投奔了"醜","丑"就真的成了丑陋不堪的"丑"了。

本字"丑",甲骨文 ,在"又" (抓)的三(以三代五)根手指指端,各加一短横指事符号,表示与手指动作有关。最初的造字本义是用手指拧、扭、搓、转。早期金文 有所变形。晚期金文 误将两点指事符号连成一撇。篆文 承续晚期金文字形。到了汉代的隶书, 就基本变成了今天的模样。当"拧、扭"本义消失后,再加"手"另造"扭"代替了。

"丑"消失了本意就合并到了"醜",甲骨文 (酉,酒) ,(鬼,面目可憎),造字本义:酒醉后疯狂而可怕可恶的神情。金文 有所变形,将甲骨文中的"酉" 写成 ,在"酉" 上面加一只手 ,将甲骨文 中"鬼头"的"田"写成"甾" 。篆文 基本承续甲骨文字形。

丑字,在文言版《说文解字》里说法是:"丑,纽也。十二月,万物动,用事。象手之形。时加丑,亦举手时也。凡丑之属皆从丑。"

白话版《说文解字》："丑，用手指拧衣纽。在十二地支中，'丑'代表农历二月，此时万物萌动，可以预备用事。字形像手有所用事的形状。一天之中的丑时，也是举手用事的时候。所有与丑相关的字，都采用'丑'作边旁。"

"醜"在文言版《说文解字》："醜，可恶也。从鬼，酉声。"

白话版《说文解字》说"醜"："形象令人恶心讨厌。字形采用'鬼'作边旁，采用'酉'作声旁。"

后来"醜"这个繁体字，又经过汉字简化，重新写成了"丑"，沿用至今。

大师人话

雅克·德·维特里

"独眼怪"库克罗普斯看见三眼的库克罗普斯，可能惊异，正如我们看见库克罗普斯和三只眼睛的生物而惊异一样……我们说埃塞俄比亚黑人丑，但他们自己认为最黑的人最美。

尼采

凡此都激起同样一个反应，就是"丑"这种价值判断。人讨厌什么？毫无疑问：讨厌他自己类型的黄昏。

黑格尔

我们看这些非欧洲民族的艺术作品，例如他们的神像——出自他们对崇高的想象，是他们崇敬之物，但我们也许觉得那是最丑恶的偶像。同理，我们可能觉得这些民族的音乐是可憎的噪音，他们则认为我们的雕刻、绘画和音乐毫无意义或丑陋。

罗斯金

绝对的丑陋是没有的。

马克思

金钱有能够买到一切、占有一切的特性,因此是第一等值得拥有之物……我权力之大,等同于我所拥有的金钱……因此我是什么,以及我能做什么,丝毫不决定于我这个人。我长相丑,但我可以买到最美的女人,这样我就不丑了,因为丑的效果,其令人裹足的力量,被金钱消解了。作为一个人,我跛脚,但金钱给了我二十四只脚,因此我不跛了……我的金钱不是把我的所有缺陷都变成了它们的反面吗?

富勒

老妇的金子并不丑陋。

伊拉斯谟

一个好的仆人应该忠实、丑陋和残忍。

赫拉克利特

最美丽的猴子与人类比起来也是丑陋的。

亚里士多德

模仿可憎的事物,如果功夫精湛,就能创造美。

普鲁塔克

在艺术的呈现上,模仿出来的丑还是丑,但由于艺术家功夫精湛而有一种与美相呼应的境界。

罗森克兰茨

正如恶与罪是善的相反,代表地狱,丑则是"美的地狱"。

波纳文图拉
魔鬼之丑如果获得很好的刻画，魔鬼的形象就会变美丽。

莎士比亚
美就是丑，丑就是美。

莎士比亚
丑恶的海怪也比不上忘恩的儿女那样可怕。

富兰克林
恶习知道自己委实很丑陋，所以往往戴了假面具。

赫·乔·威尔斯
高雅时髦与丑陋粗俗是人性这块普通硬币的两面。

塞万提斯
美有两种，灵魂的美和肉体的美。聪明、纯洁、正直、慷慨和温文有礼都是灵魂的美，相貌丑的人也可以具备的。如果不以貌取人，往往对相貌丑的也会倾心爱慕。

培根
有些老年人显得可爱，因为他们的作风优雅而美。而尽管有的年轻人具有美貌，却由于缺乏优美的修养而不配得到赞美。

泰戈尔
你可以从外表的美来评论一朵花或一只蝴蝶，但你不能这样来评论一个人。

法夸尔
破衣烂衫是最丑恶的东西。

列夫·托尔斯泰
朴素是美的必要条件。

契诃夫
人应当一切都美，外貌、衣裳、灵魂和思想。

巴尔扎克
没有一个讽刺作家能写尽隐藏在金银财宝底下的丑恶。

萧伯纳
在一个丑恶、不幸的世界里，最有钱的人所能买到的也只是丑恶和不幸。

雨果
任何科学上的雏形，都有它双重的形象：胚胎时的丑恶，萌芽时的美丽。

苏霍姆林斯基
美似乎在打开人们对世界的看法。经过长期的美的陶冶，会在不知不觉中感到不良的、丑恶的东西是不可容忍的。

诧摩武俊
嫉妒能使亲密的好友翻脸，双方都会受到伤害，可以说，它是一种令人无可奈何的感情，象征着人性的弱点与丑恶的一面。

布莱克

激情和表情就是美。一张不带激情、不善表情的脸就是缺陷；任它涂脂抹粉，你吹我捧，只有傻瓜才会爱慕。

休谟

理智传达真和伪的知识，趣味产生美与丑的及善与恶的情感。

达尔文

一个文化里引起恶心的东西在另一个文化里并不引起恶心，反之亦然。
各种表达轻蔑和恶心的动作，在世界大部分地方似乎是相通的。

乔治·桑

真理不存在于丑化了的现实里。

王尔德

美高于善，善胜过丑。

小　结

前几年，有一个擅长"易容术"的女孩子，给自己画了一个"唐朝仕女妆"。她在额头上点了两撇浓浓的椭圆形黑点，并拍了照片放到网上，着实红了好一阵子——这正是唐代流行的宫廷风格。不信看周昉传世名画《簪花仕女图》里面的贵妇人满脸横肉、清一色的倒八字眉，那可是纯正的盛唐气象。

然而并没有人真的认为这有多么美丽动人。赞叹给了此女高超的化妆水平，热捧源于妆容当真雷翻全场。这是丑的，然而这曾经是美的。今天的人们真真切切地认为这很丑，伟大的先祖们也发自肺腑地认为这很美。对丑的判断，似乎已经超越了常识。

不论身处哪个朝代，丑都代表了一切人们从不喜欢到厌恶的东西。人类一直是喜好看外表的动物，几百万年毫无长进。所以尽管"不要以貌取人"的口号已经喊了几千年，但一切的丑和丑的一切，尽管不限于外表，但依旧是从外表开始的。

丑的繁体字"醜"，一个面目狰狞的鬼还喝醉了酒。古人认为鬼的样子是最让人受不了的，所以酒鬼最丑。其实，骂人最伤自尊心的不是缺德，而是骂人家"丑"。电影《九品芝麻官》里两个老鸨对骂，便是以"醜"字引领一番狂轰滥炸，把对手收拾得脑袋冒烟、哑口无言。鸟爱惜羽毛，人爱惜外表。只有其他方面足够强大的人，才有能力忽略丑陋外表的压力。但丑就是丑，哪怕被有意无意地忽略。

"丑"字自从开山立派以来，已经有很多变种。有一种丑，叫丑恶。因为丑，所以恶。恶的本意是心上有物，令人不舒服，厌恶。因为外表的丑引起了内心的强烈反应，这就叫"丑人多作怪"。丑、恶、怪，成了近义词。丑的判断来自于人的主观。所以即便看上去很美，一旦被人讨厌，同样会被斥之为"内心丑恶"。所以关键并不在于人的外表有多丑，而在于人在多大程度上被自己的同类厌弃。

有一种丑，叫丑陋。陋是粗糙、低级、过于简单、缺乏开化。所以一栋到处漏雨的陋室草房，肯定称不上是美。一座粗糙低级的雕像，必然是丑陋的。人天生向往富裕舒适的生活，遍身罗绮还不用养蚕，讨厌"丑"也顺便带上"陋"，所以很多人认为粗鄙的衣服是不美的，粗笨的重活是低级的。也因此而有人说"穷山恶水出刁民"，认为贫穷和落后，是一切丑陋的根源。

有一种行为，叫丑化。丑化是为了制造一种叫"丑闻"的事件。人皆希望自己亲贤人、远小人。换句话讲就是，趋向美，疏离丑，所以被丑化是人生一大悲剧。

丑不是一句"美的对立面"就可以简单定义的。关于丑的思考在历朝历代都被淡化，"丑"在对"美"的赞颂中被边缘化了，人们不愿意、不屑于谈论丑，因为谈论丑本身就是丑的。丑有千般种类，而美只有那几种。丑的存在充分挑战了人类的想象力，是真正的千姿百态、百丑齐放。

丑并非一成不变的，是环境的产物。史前时代发现的女性陶俑，作为氏族社会的崇拜偶像，大多数都是肚子很大、肥胖健硕的孕妇。在食物都匮乏的时期，人们看重的是生孩子的能力。就像鱼类一样，没办法保证下一代一定能活下来，就只好一次产卵数以万计。所以史前人类最怕生得少，不能生孩子的特征表现在外貌上——平坦的肚子、纤细的身躯、苗条的腰肢，这些现代人看来美不胜收的，就是丑的。

丑是有时代性的，有历史记载的时代里对审美也同样千奇百怪。同唐朝的日本人，什么样的建筑是丑陋的，他们没准会指指繁华的长安城，然后诚恳地承认自己的民居不怎么美丽壮观。让中世纪的伟大建筑师们说出他们心中丑陋的象征，没准他们会在哥特式尖顶大教堂上面停住目光，然后骄傲地宣称，除此之外的都丑得不值一提。唐朝的丰满美人杨贵妃如果来到今天，估计会被人讥笑为肥婆，而今天的骨感美女回到大唐甚至都会嫁不出去。

丑是文化的产物。非洲考古发现的祭祀面具，在东西方人看来，都颇有点诡异吓人，然而在非洲的土著部落，我们眼里的那狰狞的面孔，可能恰恰代表了他们神祇的慈悲。中国古代女子的"三寸金莲"，让多少男人魂牵梦萦，认为是性感之所在，是女人值价几何的重要衡量标准。《雪花秘扇》中的那位女子不就是因为脚裹得足够小，才得以嫁入地主家么？但在西方世界和今日中国看来，裹脚是多么丑陋的象征！

丑是人自恋的副产品。《圣经》里说，上帝按照他的形象造了人。从此，人类就开始了自恋旅程。除了人之外的奇怪的、不对称生物都是被认为丑陋的。希腊神话里的著名美人美杜莎，自从满头蛇发不像人之后，就奇丑无比。长着三只眼睛的怪兽，也是"怪"兽。凡是不像人的、不符合人的理想结构的，甚至是不对称的，都是怪的，而怪的往往是丑的。

在《偶像的黄昏》中，尼采说："在美这件事上，人以自己为完美的标准，在这方面，人崇拜自己……根本说来，人以事物为鉴，凡反映他的形象的东西都是美的……丑是败坏的象征和征候……一切暗示精疲力竭、沉重、衰老、倦怠，任何缺乏自由的表现，如抽搐或瘫痪，尤其尸体腐化的气味、颜色、形态……凡此都激起同样一个反应，就是'丑'这种价值判断。人讨厌什么？毫无疑问，讨厌他自己类型的黄昏。"

丑甚至可以超越星球，没准还是物种自恋的一个写照。在《异形》这一外星人入侵地球的系列电影里，外星人被描述为尖牙利齿、张牙舞爪、口水直流、四处产卵的怪异生物，具有超高的智商和强大的直接伤害力量。地球人看外星人，脸上各种厌恶之情，认为它们是活生生的丑的典型。在类似的科幻电影中，高智商的外星人瞧不上弱智的地球人，常常鄙视地认为，所谓的地球英雄不过是一些身上没毛、手上没爪、智商低下、行动迟缓、没事就爱发出微弱的嘶吼声的可怜生物。

丑和财富、社会阶级、阶层有关。丑必然受到具有权势的人的影响。上层社会认为，纤细修长的指甲是漂亮的，而下层劳动者会觉得长长的指甲像巫婆一样，丑陋异常，关键是没办法干活，无用至极就是丑。丑的观念也会从阶层内部向外扩散，通常自上而下。环肥燕瘦，就是皇帝个人的口味。难道真的是后宫三千佳丽都是丑女吗？不见得，但凡选入宫中的，都是万里挑一，只不过皇帝觉得丑而已。

上面的风气总是被下层效仿，尤其是在权威人格盛行了几千年的中国。唐朝武则天时期的女官上官婉儿，被女皇划破额头眉心，便点了一朵梅花。自此，在眉心点上朱砂的风气，从宫廷向王公贵族，进而向平民阶层广泛流动，点之为美，不点则丑。

很多男人认为高跟鞋是女人穿的，要是让男人穿上高跟鞋、白丝袜，估计大部分中国男人死都不干，但最初这些东西都是法国国王和贵族的专利。历史上第一双高跟鞋的发明人是法兰西国王路易十四，目的倒是差不多，都是想要增高。那个时候，贵族如果不穿高跟鞋、不穿紧身袜子，就是落后于时代。拿破仑也怕丑，就算弄的隐私部位不怎么舒服也要穿紧身袜。

总体看，丑和什么有关？表面看和外表有关。

纵向看，丑与历史、时代有关。工农革命时期认为土豪、劣绅最丑，从内到外都散发着腐败的气息。

所以，往深度看，丑和价值观有关，和正义与邪恶的判断有关，包括宗教信仰，因为价值观是随着时代而变的。

横向看和社会地位、阶级阶层有关，和财富、文化程度有关。一花一世界，一人一美丑。

横向放大了看，丑和地域环境和文化传统有关。中国人穿"苏格兰情调

"装"上了一次春晚，那叫刻意扮丑，绝对谈不上好看。但在苏格兰人眼里，格子裙这套传统服装却是魅力十足。

丑是价值判断，有时又被上升到道德判断，成为火力最强的人身攻击武器。但还有一种人，光明正大地以丑为生，惹人喜爱。他们叫丑角。小丑，东西方都有，目的基本相同，都是讽刺和搞笑。这是因为人们实在是乐见他人之丑，然后心中窃喜。假扮的丑又减少了人们的负罪感。美太单调，但丑的花样还真是繁多，所以现代人通常审美疲劳，很少有审丑疲劳的。

经典推荐

黑格尔《作为意志和表象的世界》
尼采《启示艺术家和文学家之灵魂》
罗斯金《时至今日》
马克思《哥达纲领批判》
伊拉斯谟《愚人颂》
富勒《法的道德行》
赫拉克利特《论自然》
卡尔·罗森克兰茨《丑的美学》
波纳文图拉《论三重路》
富兰克林《穷人理查年鉴》
赫·乔·威尔斯《星际战争》
塞万提斯《训诫小说集》
普鲁塔克《比较列传》
法夸尔《扮成风流潇洒者的计谋》
乔治·桑《安蒂亚娜》
苏霍姆林斯基《给女儿的信》
诧摩武俊《性格与人生》

成与败

引 言

　　李白《将进酒》中写道:"人生得意须尽欢,莫使金樽空对月",此时的李白必然心境潇洒。人处于成功的状态下,便很容易踌躇满志。"春风得意马蹄疾,一朝看尽长安花",便是表达高中状元之后的心潮澎湃。人生有成功百态,得意却是其中常态。

　　失败则又有一番风韵。陆游有诗云:"王师北定中原日,家祭无忘告乃翁。"一辈子抗金无功而返、抱恨终生。然而,不同人看待失败却又有天壤之别。黄巢屡试不第,愤愤地用菊花来发泄自己的强烈不满:"待到秋来九月八,我花开时百花杀,冲天香阵透长安,满城尽带黄金甲。"比起陆游的伤感遗憾,"造反专业户"黄巢的逆反和愤怒可谓豪气干云。

　　成与败牵动了从古到今多少英雄人物、匹夫草民的敏感神经。在成功与失败的波澜起伏中,实难说尽几家欢乐几家愁。

大师人话

歌德
成功的艺术处理的最高成就就是美。

爱迪生
如果你希望成功,当以恒心为良友,以经验为参谋,以当心为兄弟,以希望为哨兵。

维龙
要成功不需要什么特别的才能,只要把你能做的小事做好就行了。

柏拉图
成功的唯一秘诀——坚持最后一分钟。

拉布吕耶尔
成功的最佳捷径是让人们清楚地知道,你的成功符合他们的利益。

让·罗斯唐
荣誉妒忌成功,而成功却以为自己就是荣誉。

让莉斯夫人
如果你想在这个世界上获得成功,当你进入某个沙龙时,你必须让你的虚荣心向别人的虚荣心致敬。

阿瑟·平内罗
我们听说过多少"即将成功的人物"!他们究竟都去了何方?

迈克尔·法拉第
拼命去争取成功,但不要期望一定成功。

罗曼·罗兰
只有把抱怨环境的心情,化为上进的力量,才能保证成功。

牛顿
胜利者往往是从坚持最后五分钟的时间中得来成功的。

莎士比亚
应当急于求成,去熟悉自己的研究对象,锲而不舍,时间会成全一切。凡事开始最难,然而更难的是何以善终。

朱尔·勒纳尔
懒惰受到的惩罚不仅仅是自己的失败,还有别人的成功。

拜伦
成功——功与过的试金石。

拿破仑
我成功,因为志在要成功,我未尝踌躇。

爱因斯坦
什么是成功的秘诀?$A = X + Y + Z$,A 代表成功,X 代表艰苦劳动,Y 代表正确方法,Z 代表少说废话。

歌夫
要想成功,你必须自己制造机会,绝不能愚蠢地坐在路边,等待有人经过,邀请你同往财富与幸福之路。

勃朗宁
一分钟的成功,付出的代价却是好多年的失败。

郭尔王
人生所缺乏的不是才干而是志向,不是成功的能力而是勤劳的意志。

朗费罗
成功之道无他,惟悉力从事你的工作,而不消存沽名钓誉之心。

莫扎特
有很多人是用青春的幸福作了成功的代价。

梭罗
失败和挫折等待着人们,一次又一次使青春的容颜蒙上哀愁,但也使人类生活的前景增添了一份尊严,这是任何成功都无法办到的。

弗洛伊德
对于成功的坚信不疑时,常会导致真正的成功。

罗兰
多数人在人潮汹涌的世间,白白挤了一生,从来不知道哪里才是他所想要到达的地方;而有目标的人却始终不忘自己的方向,所以他能打开出路,走向成功。

巴尔扎克
容易成功和难于成功同样能刺激人的愿望。

狄更斯
我决不相信,任何先天的或后天的才能,可以无需坚定的、长期的信念而得到成功。

阿比
高傲自大是成功的流沙。

科克
常往光明快乐一面看,这就是我一生成功的诀窍。

达尔文
作为一个科学家来说,我的成功……最主要的是:爱科学——在长期思索任何问题上的无限耐心——在观察和搜集事实上的勤勉——相当的发明能力和常识。

老子
合抱之木,生于毫末;九层之台,起于垒土;千里之行,始于足下。

桓宽
谋及下者无失策,举及众者无顿功。

司马迁
泰山不让抔土,故能成其大;河海不捐细流,故能就其深。

道元
不成心专一事,决不能达成一志。

苏洵
一忍可以制百勇,一静可以制百动。

小 结

成功是什么?失败又是什么?古今中外都缺乏对成功和失败的界定,然而对其的描述却异常丰富，并且具有某种程度的一致性。比如，中国古代的官僚，"封妻荫子"是他们最大的成功。对外地的小官员们而言，能面见皇帝，便是无上荣耀。当今社会，很多男人将拥有香车和美女作为成功的不二标志。

这是世俗的成功，但并不是每个人都认同的成功。古代游牧民族认为，打了胜仗，掳掠了弱者的财帛子女，这是一种成功。在这种成功标准下，成吉思汗就是最大的英雄。而对慈善者而言，掠夺不是成功，给予才是最值得炫耀的成就。如何把钱花出去、花给最需要的人、花得最有价值，这才是要考虑的问题。

不可否认，成与败有时候是需要借助外界的确认。周围世界的赞美或抨击，会极大程度地影响人们的成就感和挫败感，但只不过是最初的阶段。当成功来自外界的肯定时，成功只是刚刚开始。成功的真正定义，不应该建筑在外部物质财富和他人溢美之词上。成功的真正定义应该是：做成你想做的事。

获得成功的感觉是人间至乐。罗兰说，成功的快乐在于一次又一次地对自己的肯定，而不在于长久满足于某件事情的完成。等待的过程是痛苦的，而成就的那一瞬间却是美好的。但必须明白，成功的快乐难免转瞬即逝。获得成功的那一刹那，也常常成为失落和迷茫的开始。所以通往成功之路的第一要素，就是给自己设立目标。

确定目标往往是困难的事情。有一些人非常幸运，他们生来就知道自己要干好某一件事情，除了这件大事外，对其他事情都不感兴趣。他们或许能力超群，或许能力有限。但这都不重要，重要的是，他们眼中只有那个目标。这群幸运儿很难会在这类选择上感到纠结。

很多人其实并不觉得自己格外对哪些事情感兴趣。因为他们即便觉得有些兴趣，浅尝之后便禁不住放弃了，所以很多人认为通往成功的另一大要素就是坚持。并非所有的坚持都能实现人们的愿望，因为没有一种方法是放之四海而皆准的。

在成功与失败的道路上，人们总是被这个世界的假象所迷惑。在各种成功学的书上，成与败仅仅被简单地勾勒成几个要素，一个典型的论调便是所谓的"坚持"。

毫无疑问，坚持是一种方法，但坚持并不是全部方法。正如以赛亚·伯林所描述的，这个世界可能本就是一个无序的乱局。单纯想依靠"坚持"来实现愿望，只能成为一个建筑在一厢情愿基础上的海市蜃楼。"坚持"想走到月球，是没有可能的。而没想去月球的嫦娥，倒因为吃错了药而成功登月了。

但这并不意味着"坚持"没有意义。坚持的真谛在于对抗人内心的惰性，而不是一条道走到黑、不撞南墙不回头。很多时候人们失败了，不是因为能力不行，而是因为惰性太大。如果一个人的意志力不足以推动自己前进，他就可能失败，谁最能推动自己，谁就能最先得到成功。而人只有能推动自己，才有可能推动世界。

在物理学上，力是一个矢量，拥有方向和强度。一个力向下施压于桌面上，是不可能将桌子举起来的，成败亦如此。努力也是一种矢量，在目标既定的情况下，努力的方向和强度，才是决定成败的最重要因素。一味强调其中任何一方，都是不明智的。

成败是对结果的判定。人们对这个世界总是难免有过于简单化的认知。我们往往犯下的错误是：同样的事情，结果好了，其他相关的一切都好；结果不行，其他的一切也就毫无意义。所谓"成王败寇"，即是如此。

成功和失败，归根到底是一种感觉，是给自己内心的一个交代。尽管事情的好坏判定必然受到结果的影响，但是作为一个理智的人，只看结果不看过程是一种绝对意义上的失败。对于人本身而言，过于看重结果的成败反而会让人忽略过程之美。真正的成长都是发生在过程之中的，人们不应该过度看重结果的象征意义而忽略过程中所带来的增益。更何况，从广义来讲，过程本身也是结果的一部分。

成与败，不是贯穿人一生的事件，而是贯穿人一生的视角。大多数人的人生经历，是可以自然或勉强地划归到成败中去的，而看待成功和失败的方式会决定人的一生。成功需要付出，它是陡峭的阶梯，两手插在裤袋里是爬不上去的，但付出并不一定能有收获。所谓"谋事在人，成事在天"，成功与失败除了个人因素之外，还有环境因素，其中最重要的是时势。许多炒股人士都有所体会：大盘涨的时候，随便买一只股票，涨的概率就很大；反之亦然。

故观乎成败，应不以物喜、不以己悲。成功与失败自有其发展规律，不应苛求自己，也不必怨天尤人。追求成功的人，不必急于知道什么才是成功，哪里才是巅峰。你只需要知道自己灵魂中最可贵、最有把握的那一点，然后把它发掘出来，发扬光大，成功自然水到渠成。正如罗曼·罗兰所说："不管别人是否比你更聪明、更伟大、成就更大，只要你尽量发挥你自己的天赋和专长，你自会有属于自己的成就。"

经典导读

　　歌德《浮士德》
　　狄更斯《双城记》
　　柏拉图《理想国》
　　司汤达《红与黑》
　　拉布吕耶尔《品格论》
　　罗曼·罗兰《约翰·克利斯朵夫》
　　朱尔·勒纳尔《胡萝卜须》
　　拜伦《唐璜》
　　朗费罗《伊凡吉林》
　　梭罗《瓦尔登湖》
　　弗洛伊德《梦的解析》

是与非

引 言

在《愚公移山》的故事里,北山愚公说"子子孙孙无穷匮也",感动了神灵,所以把太行与王屋二山从他老人家眼前搬走了。其实还有另一种解读:有人的地方,就有江湖;"子子孙孙无穷匮也",就是"是是非非无穷尽也"!所以真相很可能是,天神怕这群孝子贤孙太过喧嚷,搬石头、拉土方没完没了给神灵们找麻烦,所以才用法术把两座大山移到别处去了。是非之间的麻烦,别说普通人,就连天神也可能都会不胜其扰,可谓人神共困。

"是与非"在大师的眼中常常和公正、正义等联系在一起。我们先看看"是"与"非"在我们老祖宗那里的本来面目。

是,早期金文 ![] , ⊙(日,太阳), ![] (又,手), ![] (止,即"趾",脚),表示太阳直射,时至夏至,人们手脚并用进入夏季农忙。造字本义:夏至,太阳当头,适宜农务。

晚期金文 ![] 误将早期金文的手形 ![] 简化成"十" ![] 。繁文 ![] 将晚期金文的手 ![] 与脚 ![] 连写成"正" ![] ,强调太阳在头顶正上方。夏至是夏历法则中的重要节令:夏至即入夏农忙的恰当起始日。

文言版《说文解字》:"是,直也。从日、正。凡是之属皆从是。"

白话版《说文解字》:"是,正、直。字形由'日、正'会义。所有与是相关的字,都采用'是'的边旁。"

"非"是会义字，古代"非""诽"通用。早期甲骨文 🖸 、🖸 （在"北" 🖸 即"背"字的两个人头上各加一横指事符号，表示两人思想相冲突），🖸 （一双向外推挤的手），表示观念相违背，行为相排挤。有的甲骨文 🖸 省去表示排挤的双手 🖸 ，突出了两个"头脑的相背"。造字本义：互相抵制、排挤、攻击、责难。

晚期甲骨文 🖸 将早期甲骨文画在头部的指事符号改画在人的中部，字形变化较大。金文 🖸 、🖸 基本承续甲骨文字形。篆文 🖸 则将相背的两个人 🖸 写成 🖸 ，从此"人"（北）形消失，字形晦涩。

文言版《说文解字》："非，违也。从飞下翄，取其相背。凡非之属皆从非。"

白话版《说文解字》："非，违背。字形采用'飛'字下部表示'翅膀'的字形部分构成，采用左右两翼相背的含义造字。所有与非相关的字，都采用'非'作边旁。"

大师人话

《吕氏春秋·察今》
辞多类非而是，多类似而非，是非之经，不可不分，此圣人之所慎也。

陶渊明
实迷途其未远，觉今是而昨非。

柏拉图
公正即最有利与最有害两者中的折中之道。所谓最有利，即做不公正的事情而不受刑罚。所谓最有害，即受不公正而无抵抗之力。公正在两者之间，不能称之为最有利，仅能称之为少受害而已。人所以尊重它，因为无抵抗不公正之术。人若有抵抗之术，就不会服从此中庸之道。

亚里士多德

公正作为仅有之德行，被看做涉及"他人之善"。因为公正包含对他人的关系，总在增益于他人，无论他人是元首或仅为普通公民。所以最不善之人，无论处己或待友均暴露他是邪僻之辈，而善良之人都显示其德行，这是难能可贵的。在这个意义上，公正不是德行的一部分，而是德行之全体。反之，不公正也不是恶性之一部分，而是恶性之全体。

爱比克泰德

好人做事不在其外表，而在做得对。

霍布斯

正义与不正义这两个名称用于人的方面时所表示的是一回事，用于行为方面则表现的是另一回事；用于人时，所表示的是它的品性是合乎理性；用于行为时，所表示的则不是品性或生活方式，而是某些具体行为是否合乎理性。

行为正义并不能让人获得正义之名，而只能说是无罪。行为的不义（也称为是侵害）则只能使人获得有罪之名。

黑格尔

生命作为各种目的的总和，具有与抽象法相对抗的权利。好比说，偷窃一片面包就能保全生命，此时某个人的所有权固然因此而受到侵害，但把这种行为看作寻常的盗窃，那是不公平的。一人遭到生命危险而不许其自谋所以保护之道，就等于把他置于法之外。

密尔

大体说，人以为假如一个人做事对，他就应得到福利；假如做事不对，应得到祸害。在从某种比较特殊的意义说，得到或曾经得到他好处的人，他也应该得到他们的好处；受着或者曾经受着他坏处的人，他应该受着他们的坏处。

以德报怨的训言始终没有实现公道的例子。人认为以德报怨，是为着其他理由而放弃公道的要求。

小　结

　　金庸小说《天龙八部》里有个人叫"包不同"。此人一大特点，不论别人讲什么，张口便"非也非也"，然后再非议一番。倘若生活里到处都有此等闲人，恐怕会颇让人讨厌。

　　《天龙八部》是虚构的。现实的"是与非"，早已面目全非。唯有"非"还留有一点先人遗风。本义上看，时日恰当为"是"，相互抵制为"非"。"是"与"非"都体现了非常客观、实际的陈述。

　　现在很多人说"是非"，都带着小心翼翼的态度。"是非"的用途太广泛，人们讨厌"是非之人"，最怕"招惹是非"，口号喊着"是非之地，不可久留"，实际却又在"惹是生非"。

　　辨别"大是大非"是每个人的必修课。"是"是"正确"；"非"是"错误"。通俗点说，大是大非，就是"大对大错"，指带有原则性、根本性的问题。迄今为止，我们所经历的每个时代，都在号召："在大是大非面前，我们一定要站稳立场，时刻保持清醒的头脑。"但在不同的地方，大是大非还真不是一回事。

　　在乔治·奥威尔的小说《1984》里，主人公温斯顿的邻居，因为一句对独裁者不敬的梦话被自己孩子检举揭发，折磨致死。

　　战国时期的楚怀王有一位宠妃郑袖，据说暗恋屈原却屡次被拒绝，便在楚怀王身边，枕头风小小一吹，屈原就被发配流放边陲。帝国时代，士大夫阶层讲究官场文化，为官之道，便要"面带猪相，心中嘹亮"。为的是才貌双全者容易引人非议，一副蠢样就是最好的避风港。现在流行办公室政治，这办公室也成了"是是非非"的集中产地。人们讨厌被人非议，却比较喜欢非议别人。搬弄是非的过程中，你上我下，总有人获得利益。

　　"是非"之事的始作俑者是"是非之人"。他们可以言之有据，也可以

"无事生非"。武则天时期重用的酷吏周兴、来俊臣，是这方面的高手。各种大刑一伺候，再离奇的罪名也能无中生有。来俊臣、万国俊还写了一部传世名作《罗织经》，专门讨论如何专业化生产"是非"，昔日战友周兴看了这部大作之后，佩服得五体投地，甘愿受死。

所以从小爸爸妈妈就教育我们，千万不要"惹是生非"，最好能"实事求是"。其实"惹是生非"容易，"实事求是"难。毛主席当年亲笔题写了"求是"两个大字，试问这么多年，有几人做到了？胡适也说要实事求是，"多研究些问题，少谈些主义"。

非，是不一致、是不对、是错误。《淮南子·脩务》说："立是废非"，"是"就是好的东西，即建立好的，废除不好的、错误的事物。陶渊明《归去来兮辞》写道："实迷途其未远，觉今是而昨非"，也以赞扬今日来否定昨日。

比如说非议，人们避之犹恐不及。非议的情况很复杂，有时候看起来很坏，有时候真的很坏。一旦个人的行为违背了传统的习惯规则，违背了人们的常识常情常理，甚至是只不过没有按照社会所设想的方式进行，非议就开始驾着谣言的马车满天飞。毕竟平常人的反常行为是人们最容易获取的谈资。

由于非议听起来就不怎么好，所以常常有被冤枉的时候。鲁迅说："第一个吃螃蟹的人是勇士。"其实，第一个被提出的非议可能是螃蟹。非议并不总是诽谤，也可以是不同的意见。非议不可怕，可怕的是面对非议的方法。一个没有任何人提出不同意见的社会，是病入膏肓的。曾国藩说天下将乱的一大表征便是好人越来越谦虚。多智近妖，多仁近诈，当越来越多的人都以"仁爱"对待彼此，隐藏了所有的冲突矛盾之时，危险就悄悄降临了。殷纣王时期，都城朝歌许多百姓表示不满，被纣王抓去割了舌头、砍了脑袋。颁布了"禁言令"后，从王公大臣到百姓，人人自危，见面"勿谈国事"。到武王伐纣的时候，商朝的奴隶军队倒戈相向，一个反攻，商王朝便摧枯拉朽了。

非议似乎还是有点能量的，否则无法解释为什么有人把非议当法宝，而很多人害怕非议。武则天当政的时候，专门设立了一个箱子，只有女皇一个人有钥匙，专门给人告密用的。不过武则天可是来真的，用酷吏治酷吏，用贪官反贪官。非议成了一把双刃剑。西方也有，伊丽莎白二世女王就有这么一个小盒子，每天都要看，按规矩里面放的应该都是各种公文，但至于里面有没有别的，就不好说了，毕竟内容只有女王陛下一个人能看到。

还有一种非议，不仅仅是正义的，而且是义务的。没事挑刺是其本分，不去找茬、想当个好好先生反倒是失职。这种非议不是无心的，反而是故意的，是人为设计的一种制度，逼迫人必须去提出非议、说出意见，以得罪人为第一要务。干这个事情的人，就叫谏官。谏官干的事，就是进谏。在古代，敢于直言是正义和勇敢的象征，这可是忠君第一条守则。

明代嘉靖皇帝几十年不肯上朝，闷在皇宫里神秘兮兮地炼丹。户部主事海瑞身先士卒，践行了古老帝国的核心价值观，"文死谏，武死战"，买好了棺材，告别了妻子和儿女，打发了仆人，上了一道奏折，把皇帝老儿臭骂一通，自己在监狱里蹲了大半辈子。要是没有黄光升等人帮他，早变成监狱里的长毛大蘑菇了，"海青天"的脖子也没有砍头刀硬啊！看来，提出非议是要付出很大代价的。

是是非非纠缠得久了，就变成了各种恩恩怨怨，很难说清。宋美龄与宋庆龄是至亲姐妹，一个成了蒋介石第四任太太，一个成了孙文的妻子。曾经一起在美国读书的姐妹俩皆以自己的选择为正途，从此对抗，走向陌路。一个是亲英美派，要反共抗俄；一个被尊为伟大的共产主义战士。1981年，宋美龄的二姐宋庆龄病危，大陆邀请她回来探亲，遭到拒绝。结果，宋庆龄临终前也没能与亲妹妹见上一面。

是非不仅是恩怨，还有曲直，代表正义与邪恶。元代杂剧《硃砂担》唱道："我奉着玉帝天符非轻慢，将是非曲直分明看。"讲的就是有理没理、孰是孰非需要公正的判断。关汉卿笔下的窦娥临终前就愤怒地质问天地："地也，你不分好歹何为地？天也，你错勘贤愚枉做天！"

"是与非"这对古老的词汇，从一种事实判断发展到了现在的价值衡量，远远超出了它们最初的含义。关于"是与非"的思考，让人生成为了一场选择。但愿这种选择能够在时间淘洗中涤荡出它的本色。

经典推荐

《吕氏春秋·察今》

陶渊明《归去来兮辞》
爱比克泰德《语录》
密尔《功利主义》
叔本华《作为意志和表象的世界》
爱默生《赔偿》
陀思妥耶夫斯基《喀拉马卓夫兄弟》
黑格尔《哲学史演讲录》
司汤达《红与黑》
尼采《自白者和作家大卫·斯特劳斯》
海德格尔《存在与时间》
康德《判断力批判》

善和恶

引 言

　　分辨善恶可能是人独有的特质。关于善恶的种种说法在日常生活中非常普遍。很少有人觉得行善积德可耻，也很少有人觉得作恶多端是光荣的。不过有些人觉得自己在行善，但另外一些人却认为他是在作恶。善恶究竟有没有共通的标准，还是善恶只是因人而异？判断善恶是人天生就有的本领，还是人后天形成的能力？或者说，善恶的本质，究竟是什么？任何一种文明都有关于善恶的说法，那么古今中外的善恶，说的都是一回事吗？

　　先来查查"善恶"二字的户口。善是个会意字，中国古代还有几个写法，比如"譱""善""譱"等，基本都和"言"和"羊"有关系。陈昌治刻本《说文解字》【卷三】【誩部】譱，"吉也。从誩从羊。此与义美同意。篆文从言。"常衍切【注】善字本义是"吉祥"（lucky）。善也可以指美好（good, nice）、善良（kind, kindness）、慈善仁慈（beneficence, benevolence, charity）、慈悲怜悯（mercy）、以及高明擅长（skillful）、赞许同意（agree, nice）、友好（friendly）等，还作姓氏。善恶相对所形成的语义范畴是本文的关注点，所以无关的选项暂且忽略。总之，善的意思比较正面。有羊有口，比如"美""羹"，又比如"祥""翔"等——羊通祥，羊是温顺的动物，指代人民。难道说人民温顺，所以为善？还是因为羊肉鲜美，所以古人认为有肉吃、能发言，就是善？

　　恶是个多音字，本义从 wù 而来，心上有物、让人不爽——所以是内心不

— 124 —

能接受的事物、行为。与善相对的大多念è，有邪恶（evil）、不好的行为（badness、offense、crime）、罪过的（guilty）、凶狠毒辣（fierce、violent）等等不同意思。

善与恶，good and evil，本意指道德上好或者坏，有益或者有害的。Persons doing evil，就是devil了，基本和Satan恶魔同义了。西方善恶二词在中世纪以前均已经出现，Good 或者 righteous，指做道德上正确的事。古代英文写作 gōd 可以表示名词、形容词等，和现在差不多；同源词有荷兰语 Dutch goed，德语 gut，古斯堪的纳维亚语 gōthr，哥特语 goths 等。

Evil 在中世纪英语写作 evel，evil，古代英为 yfel；它的同源词包括哥特语的 ubils，古高地德语的 ubil，德语中的 übel，古弗里斯兰语和中世纪荷兰语 evel。

善恶和人类道德紧密相关，所有人皆有善恶观念，就像人皆有道德，只不过程度不同罢了。善恶的讨论是人类永恒的主题，我们看看大师们是如何从不同角度进行解读的，或许能带来一些启发。

大师人话

柏拉图

苏格拉底：没有人自愿去作恶，或者去做他认为是恶的事。舍善而趋恶不是人类的本性。即使要人们一定在两种恶之间择一，也没有人在可选择较小之恶时去选择较大的。

西塞罗

对善恶的无知是人类生活中最动乱的因素。由于对这两者产生了错误的观念，我们常常不能得到最大的愉快，我们的精神也常为忧虑所环绕。

爱比克泰德

不要到外界去寻找善，到你自身中去寻找；如果你不做善事，你就不会找到它。

马尔库·奥勒留

对于一个人来说,不去摆脱他自己的恶,而去摆脱别人的恶,这样做是件可笑的事情。因为摆脱他自己的恶实际上是可能的,但要摆脱别人的恶则是不可能的。

奥古斯丁

因为我们大家都是人。我们都是由于男人所造成的女人的原因而犯罪的。

蒙台涅

一句希腊的格言说道:"人们之所以烦恼,是由于他们周围事情的意见而不是由于事情本身所造成的。"

我们称之为恶的东西,本身并不是恶,或者至少可以说,不管它是什么,它都取决于我们给它不同的名声和不同的色彩;因为所有这一切都是这回事。

弥尔顿

不知道善,便不可能得到善,
得而不知也等于完全没有得到。

斯宾诺莎

就善恶两个名词而言,也许不表示事物本身的积极性质,也不过是思想的样式,或者我们比较事物形成的概念罢了。因为同一事物可以既善又恶,或不善不恶。譬如,音乐对于愁闷的人是善,对于哀痛的人是恶,而对于耳聋的人则不善不恶。

洛克

善和恶是什么?人类之所以有善恶之分,只是由于我们有苦乐之感。所谓善就是能引起(或增加)快乐或减少痛苦的东西;要不然它也必须使我们能得到其他的善,或者消灭其他的恶。反过来讲,所谓恶就是能产生(或增加)

痛苦或能减少快乐的东西；要不然就是它剥夺了我们的快乐，或给我们带来了痛苦。

伏尔泰

普天之下都一样，当他是幼儿的时候，他的天性像羔羊一样。那么，那是什么使他常常变成狼和狐狸那样的呢？他既然生来是既非善、也非恶的，这难道不是教育……决定他有德或无德的吗？

布莱克

没有对立就不能前进。吸引和排斥、理性和作为、爱和恨对于人类的生存都是必需的。从这些对立中产生了宗教所谓的善和恶。善是被动的，它服从于理性。恶是主动的，它产生于作为。

善是天堂，恶是地狱。

黑格尔

罪恶生于自觉，这是一个深刻的道理。

因为禽兽是无所谓善恶的；单纯的自然人也无所谓善恶。

尼采

善是什么？——所有能增强感情权力，权力的意志和生命本身的权力都是善。

恶是什么？——所有削弱这一切的都是恶。

小　结

善恶是一种观念。善恶不是看得见、摸得着的东西。善恶没有实体，只有感觉和看法。莎士比亚借哈姆雷特之口说："世界上本没有善恶，都是各人的思想把它们分别出来的。"人是观念动物，依靠观念建构他们所生存的世界，认识彼此，并划分利益范围。从根本上来讲，善恶的观念就是在利益的基础上建立起来的，是利益分配在观念中的投射，是人类独有的道德观念的一种。

善恶观念是后天养成的。人天生是不会分辨善恶的，后天的影响才是形成观念最重要的机制：主要是教育和灌输；现实利益是不易察觉的另一方面而已。在童年，每个人都会从父母那里得到关于善恶的说法。比如"不要和陌生人说话"——潜台词就是陌生人恶人多，讲话须谨慎。这就是社会通行的善恶观，这种潜移默化的作用直接影响到一个人如何分辨善恶。

有宗教信仰的人的这种情况更加明显。从入教的时候，他们就会得到关于善恶的告诫，比如摩西十诫。基督教徒自受洗之时开始，就会接受基督教的善恶教育，这个过程会伴随其成长的一生。继承者们彼此之间又互相影响和约束。《圣经》中说亚当和夏娃听了蛇的教唆，吃了智慧树的果子，进而能够和神一样分辨善恶，最终被逐出伊甸园。从中可以看出刚出生的婴儿不知善恶为何物，经过蛇歪打正着的"教育"，建立了善恶的观念。所以何为善、何为恶，很大程度上是文化继承的结果，教育恰恰是传承文化的主要手段。欧里庇得在《赫卜柏》中讲："好的教养的确可以给予善的教训，很好地懂得了这一点的人就懂得了善的尺度，也就懂得了什么是恶了。"

作恶必定付出代价，自取灭亡。通常有信仰的人讲善恶终有报：基督教讲，不作恶一心行善会上天堂，作恶则会下地狱；伊斯兰教讲，谦虚行善会提高信士在神眼中的品级，都是说人作恶会受到惩罚。不论有没有信仰，对普通人来讲，做了坏事终究是会心虚的，也使人受到煎熬。恶之自取灭亡不是说作恶的人会死去，而是说恶行会消失，恶行消失了就相当于作恶之人离开了这个世界。恶从辞源上来讲，就是人内心不可接受之事。人天性是趋向于做符合内心想法的事情，所以撒谎——说违心话的时候，会心跳加快、精神紧张。同样，人做违心之事——行内心所求之恶，即便他在现实生活中顺风顺水，也必然会遭受良心的煎熬。亚里士多德在《伦理学》中说："如果恶完全变成不堪忍受的，它也将自灭。"不堪忍受，正是恶的源头。

善恶是一种道德判断。没有人见过善恶长什么样，哪怕人们可以画出撒旦的面容，也画不出善恶的轮廓。善恶不是事实判断，解决的不是有没有的问题；也不是利益判断，并不是解决纯粹有没有好处的问题；分辨善恶是一种道德判断，是糅合了利益和情感、现实和观念的主观看法。作为观念生物的人，不可以对同类进行道德判断——人太渺小了，是宇宙中的一粒沙。只有造物主，才有那种高度和格局来评判人类的道德。

善恶有人类共通的一般标准。它是主观的、是相对的，彼此给对方划定界限和管辖范围。解释善恶往往需要用上一大堆形容词，而形容词代表了人的感觉，感觉却因人而异。不可否认，确实有古今中外通行的道德标准。比如，不杀人，就是通常所有人都认为的善。故意欺诈别人、烧杀抢掠，就是通行的恶。

王阳明说"人同此心、心同此理"。人类之所以能有善恶观念的共识，是因为人性相通。走出非洲之前，人类拥有共通的祖先，甚至有研究认为，现代人类都是非洲一位女性始祖"线粒体夏娃"的后代。所以白种人、黄种人、黑种人，都有类似的好恶之心。不论东方还是西方，各自的文明都各自发展出了关于人类生活基本问题的一致看法，比如针对偷盗、杀人、不劳而获、谎言的观点就很类似。尽管处理方式可能不同，比如犹太教、基督教最初对偷奸男女要用石头砸死，但改革之后只要抽100鞭子。但其总体的看法是正面还是负面，是基本一致的。看来，如果给善恶划定一个普世标准的话，就是取一个通常情况下人们观念的最大公约数——不同人的善恶观里最基本、最一致的部分。这个善恶一般标准应该可以适用于古今中外所有的人，只要人性不改，善恶一般标准就可以"横行江湖"。人类共同的起源、人性的相同，或许是善恶一般标准之所以存在的客观基础。

除了有普世意义上的一般标准，还有更多个性化的成分在左右人们的善恶观。作恶是以一般善恶标准为尺度的，是每个人都知道、认同的善恶观念，个性化的尺度不包括在内。但各人不同的善恶观念的确存在。人性相通，但也各不相同。一个忠于爱人的好丈夫，一个受到部下爱戴的政治家，一个让祖国强大让同胞吃饱穿暖的国家元首，一个没有任何恶习没有绯闻的"完人"，却是一个屠杀了几千万犹太人的元凶——希特勒，善哉？恶乎？人类的冲突往往就在于敌对的几方都认为自己在做"善"事，结果却造成了恶果。

即便最初接受的善恶教育，也可能随着不同人所经历的残酷现实而发生改变。一个人的蜜糖，可能是他人的毒药；一个人的善行，可能是他人眼里的恶状。子曰:"己所不欲、勿施于人。"不作恶——这是一种善。但同时,己所欲,亦勿施于人,更是一种善。互相尊重他人的选择,不强制别人选择被认为善的事物,这是更高层次的善,是大善。

共行大善,方可大同。

经典推荐

柏拉图《普罗泰戈拉》

亚里士多德《政治学》

西塞罗《论有限》

爱比克泰德《语录》

马尔库·奥勒留《沉思集》

斯宾诺莎《伦理学》

布莱克《天堂与地狱的婚姻》

黑格尔《历史哲学》

尼采《反基督》

狄更斯《雾都孤儿》

弗莱德·多尔迈《主体性的黄昏》

雨果《克伦威尔》

波德莱尔《恶之花》

悲与欢

悲，形声字。本义：哀伤；痛心，同英文"grieved""sad"。《说文》中："悲，痛也。"《广雅》中："悲，伤也。"可作动词，"可悲"之意。《吕氏春秋·察今》："以此为治，岂不悲哉！"又可作"感叹、慨叹"之意。刘基《郁离子·千里马篇》："悲哉世也。"王安石《游褒禅山记》："又以悲夫古书之不存。"

欢，形声字，同英文"happy""cheerful""joyful"。本义：喜悦，高兴。《说文》中："欢，喜乐也。"作名词时，"古时男女相爱，女子对情人的称呼"。刘禹锡《踏歌词》："唱尽新词欢不见，红霞映树鹧鸪鸣。"古乐府《莫愁乐》："闻欢下扬州，相送楚山头。"

大师人话

《旧约全书·传道书》

去遭丧之家比去宴乐之家好，因为死是人们的结局，活人也必将此事放在心上。忧愁比欢笑好，因为面带愁容，心里倒感觉更好些。智者的心在遭丧之家，愚者的心在快乐之家。听智者的责备比听愚者的歌声好。愚者的笑声好像荆棘在灶中燃烧发出的声响，只是空虚。

《大智度论》卷第二十七

大慈与一切众生乐，大悲拔一切众生苦；大慈以喜乐因缘与众生，大悲以离苦因缘与众生。

柏拉图

苏格拉底曾说过:"被称为快乐的事物是多么奇特,并且它和痛苦奇怪地联系在一起,甚至可以认为它是痛苦的对立物;它们决不在同一事件中让人们同时感觉到,但追求其中一个的人一般总要被迫接受另一个。它们对肉体的感觉来说是两种不同的类型,但在单一的头脑中,它们是结合在一起的。"

亚里士多德

没有一种本质或状态是或被认为是,适合一切人的;同样,所有人也不都追求相同的快乐。诚然,所有人都追求快乐。也许,他们实际上没有追求他们认为他们追求的快乐,也不是他们说他们要追求的东西,而是同样的快乐;所有东西从本质上说其内部都有某种神圣的东西。

西塞罗

说服一个悲哀的人并使他相信,他是由于他自己的选择,并因为他觉得他必须悲痛而悲痛,这是非常困难的。

修昔底德

一个人不会因为缺少了他经验中所没有享受过的好事而感到悲伤。真正的悲伤是在丧失了他惯于享受的东西时,才会被感觉到的。

阿奎纳

也许可以用两种方式来思考悲伤:一种是实际存在,一种是记忆中存在的。而通过这两种方式,悲伤都可产生快乐。因为悲伤带给人心灵被爱着的东西。没有它,便会悲伤。悲伤在实际存在时就引起了快乐,就是稍微想想这种悲伤也会带来快乐。对悲伤的回忆变成快乐的一种原因是,随之而来的解脱感。因为没有罪恶,可以将其看成是一件好事。这样,在一个人认为他已从引起他悲伤和痛苦的事物中解脱出来时,他就有充分的理由去欢欣鼓舞了。

拉伯雷

在你看书时，要排除自己心中所有堕落的情感，因为它没有一点恶意，也不会传播坏事。实际上，它没有带给你任何有关价值的东西，而让你了解欢乐。因此，想一想你的心灵能怎样对待痛苦，这是我能找到的最适合的主题。点滴欢乐就能克服大量的忧伤，因此以笑示人最合适。

斯宾诺莎

假日与其他情形相同，起源于快乐的欲望，但它比痛苦的欲望，更为强烈。

洛克

欢乐——在我们已经获得一种善的事物时，或相信将来获得一种善的事物时，我们的心中就会生出一种愉快，这便是所谓欢乐。就如一个人在饿得将死时，得到一种救济，则他在未曾享用之前，就能有一种欢乐。又如一个为父者，即以儿女之福利为愉快，因此，他的儿女们只要在幸福的情形下，他就会享有那种善事。因为他只要一想那种状况，他就能得到那种快乐。

悲痛——一件善的事物如果丢掉了，就会导致我们不能在可能的长时间中来享受它，于是人心在想到它时，便会感到一种不安，这就是所谓悲痛。除此之外，我们如果意识到当下的一种祸恶，则也会产生悲痛。

布莱克

悲伤过度会笑，欢乐过度会哭。

叔本华

有这样一种奇怪的事实，在恶劣的日子里，我们可以很清楚地回忆起此时此刻已不复存在的好时光；而在好日子里，我们却对苦日子只有淡漠的、很不完全的记忆。

尼采

由于自身遭遇而受苦极深的人，比最聪明、最有智慧的人能够知道更多的东西。他知道他的道路，并曾经对遥远的、可怕的"你一无所知的"世界"了如指掌"。受难者的这种精神上的默默无言的崇高，作为知识的选民，"直接真传的"和几乎被牺牲了的人的骄傲，找到了各种必要的装饰，来保护自己，不接触他人伸出的怜悯之手，并且彻底反对在苦难上不相等的一切。深深的苦难使人崇高，它使人与人之间有了不同。

《中庸》

喜怒哀乐之未发谓之中，发而皆中节谓之和。中也者，天下之大本也；和也者，天下之达道也。致中和，天地位焉，万物育焉。

《论语》

子曰：关雎，乐而不淫，哀而不伤。

老子

致虚极，守静笃。万物并作，吾以观复。夫物芸芸，各复归其根。归根曰静，静曰复命。复命曰常，知常曰明。不知常，妄作，凶。

范仲淹

嗟夫！予尝求古仁人之心，或异二者之为，何哉？不以物喜，不以己悲。居庙堂之高则忧其民，处江湖之远则忧其君。是进亦忧，退亦忧。然则何时而乐耶？其必曰"先天下之忧而忧，后天下之乐而乐"乎。噫！微斯人，吾谁与归？

小　结

悲与欢是什么？"欢"对应人的快感，"悲"对应人的痛感。前者属于肯定性情感，后者属于否定性情感，两者共同构成了人的情感世界中的两个极端。人在与外部世界的接触与互动过程中，总会产生一定的认知和态度。这些认知和态度通过一定的情感体验表现出来，如喜、怒、哀、乐等，但归根结底还是悲、欢两极。

十岁孩童为一颗糖果而悲欢，二十岁青年为爱情而悲欢，三十岁的成年人为名利和财富而悲欢。但当你二十岁时，并不会回过头为那颗糖果而悲欢。当你三十岁时，初尝人间离合后，不会再为爱情而悲欢。当你六十岁时，品味完大起大落后，也不会再为名利和财富而悲欢。人生这样的线性发展，大悲大喜也被溶蚀在时间和经历里。

"人有悲欢离合，月有阴晴圆缺，此事古难全。"虽然人生不同阶段所悲欢的事会有不同，但悲欢是凡人们的必备品。哲人们诉说着"不以物喜，不以己悲"，心灵鸡汤讲授着"看云卷云舒、花开花落"，但凡人还是为俗世忙忙碌碌、悲悲喜喜。我们的祖辈，因物质的极度匮乏，他们爱土地、爱粮食、爱牲口，他们为颗粒无收而悲，为风吹麦浪而欢。我们的父母辈，总觉得他们的青年时代，在主观感受上是最幸福的，因为在某种信仰的支撑下，他们因毛主席的去世而大悲，因社会主义任的何成就而大欢，即使这些成就并不能带来任何物质上的收益。

到我们这一代，遇到的是最好的时代，也是最坏的时代。我们没有物质匮乏，也少了信仰灌输。对比我们这一辈，不是没有悲欢，而是在温室里成为观赏型花朵后，要么大悲大喜来得太快，比过山车落差还大；要么天天唱着"无所谓"，觉着"天塌下来有高个顶着"。在这个技术发展到可以克隆出生物，经济发展到一个人的物质物欲能被无限满足的时代，人类对外在的控制力变得越来越强大，真切的悲与欢反而成了奢侈品。

在久远的历史中，人们对人生的失望太多，有时甚至会感到绝望，所以有了宗教。在远古社会，大自然的风雨雷电、山洪地震，都给原始人类以震慑，人类通过"敬天法祖"来表达对未知的敬畏和对规避"悲"的希望。随着人类社会的发展，不平等、压迫、战争和病祸等，所有的不确定性都会对人的希冀造成影响甚至阻挠，宗教便产生了。作为终极关怀的一种，宗教给人以慰藉，或把人生的悲苦看成因果，或把人生的悲苦看成一个走向极乐的过程。

人，即便有了"悲"，也有信仰去缓解。

在久远的历史中，人们对人生的希冀太多，但人在历史潮流中能把控的却太少，所以产生了很多以"悲"为主体的文学艺术作品。古希腊罗马的哀歌，文艺复兴时期以莎士比亚为代表的人文主义悲剧，以及中国楚辞中的政治悲愤、古诗十九首中对人生的悲吟、元明清有悲怨情调的戏曲小说，人们都是"以悲为美"。正因为人们对快乐的追求受到挫败，悲感成为人类共有的一种人生感悟，以"悲怨"为主题的文艺作品才有了生存的土壤，成为一种审美情趣。

当然，并不是人人都有欣赏"悲剧"的情趣，也不是人人都有宗教信仰。悲与欢，或者说情感和情绪，并不是洪水猛兽，更多人是希望控制或者驾驭，以便主宰自我。

《中庸》里的"喜怒哀乐之未发谓之中，发而皆中节谓之和"就是儒家对自我情绪的管理要求。喜怒哀乐是人的本性，每个人都有，但人可以通过努力让情绪得到控制，即使发作也能有节制。而《道德经》里显然是另外一条路径，"上善若水，水利万物而不争""夫唯不争，故无尤"。所谓"无欲则刚"，如果不争、不求、不欲，当然能做到好的情绪管理。不论哪条路径，能管理自我情绪的人都会更靠近成功。例如，鸿门宴上，范曾几次示意要项羽杀死刘邦，刘邦虽如坐针毡但也面不改色、隐忍不发，最终乌江自刎的是项羽，成就霸业的是刘邦。

悲欢本是人之常情，但修炼情商的确应该是人的必修课。文学、艺术、宗教和哲学都给我们提供了路径，但能控制这头猛兽的只有自己。毕竟，IC、IP能告诉你密码，IQ可没有密码。

经典导读

《旧约全书》

《大智度论》

柏拉图《斐多篇》

亚里士多德《伦理学》
西塞罗《辩论家》
阿奎纳《神学大全》
拉伯雷《巨人传》
斯宾诺莎《伦理学》
洛克《人类理解论》
叔本华《进一步的心理学观察》
尼采《善与恶之外》
《中庸》
《论语》
老子《道德经》

离与合

离，形声字。从隹（zhuī），表示与鸟类有关，离声。"离"是"鹂"的本字，因而声符亦兼表字义。本义：鸟名，即黄鹂，也称仓庚，鸣声清脆动听。《说文》中有："离，离黄仓庚也。"《易·说卦》中："離为雉、九家，離为鸟、为飞、为鹤、为黄。"离（part；leave each other）作动词时，离假借为"勞"，表离开，离别。《诗·小雅·雨无止》中："正大夫离居。"白居易《赋得古原草送别》："离离原上草……萋萋满别情。"

合，会意字。从亼（jí），三面合闭，从口。本义：闭合，合拢。《说文》中有："合，合口也。"合作东西有"会聚""聚合"之意。《国语·楚语下》中有："于是乎合其州乡朋友婚姻。"《吕氏春秋·大乐》中有："离则复合，合则复离。"

大师人话

托·富勒
离别使爱情热烈，相逢则使它牢固。

夏尔·德·圣埃弗雷芒
短暂的离别会促进爱情，长久的分离却会将它扼杀。

莎士比亚《十四行诗》
身为你的奴隶

除了随时随地 听候你的差遣
我还能做什么
我根本没有宝贵时间可供消磨
除了听你使唤
也没有什么事可做

我不敢责怪 那永不止境等候的时刻
我的主人 我乖乖地
为你守着时钟等候
即便你对你的奴仆说了一声再见
我也不敢想 分离时刻的苦闷和痛苦
尽管我满心疑虑
却不敢追问你在什么地方 你在做什么事情
我像个可怜的奴隶一样安守本分
一点也不敢多想
只是揣想和你相遇的人有多么高兴

像这样痴爱一个人的傻瓜 真是愚蠢
无论你做了什么 他都会觉得你的心地不恶
你做的一切都是美好的

《乐府诗集·鼓吹曲辞一》

上邪！我欲与君相知，长命无绝衰。山无陵，江水为竭，冬雷震震，夏雨雪，天地合，乃敢与君绝。

柳永 《雨霖铃》

寒蝉凄切，对长亭晚。骤雨初歇，都门帐饮无绪，留恋处，兰舟催发。执手相看泪眼，竟无语凝噎。念去去，千里烟波，暮霭沉沉楚天阔。

多情自古伤离别，更那堪，冷落清秋节。今宵酒醒何处？杨柳岸，晓风残月。此去经年，应是良辰好景虚设。便纵有千种风情，更与何人说。

诗经《蝃蝀》
蝃蝀在东，莫之敢指。
女子有行，远父母兄弟。
朝隮于西，崇朝其雨。
女子有行，远父母兄弟。
乃如之人也，怀婚姻也。
大无信也，不知命也！

苏轼《水调歌头》
明月几时有？把酒问青天。不知天上宫阙，今夕是何年。
我欲乘风归去，又恐琼楼玉宇，高处不胜寒。起舞弄清影，何似在人间？
转朱阁，低绮户，照无眠。不应有恨，何事长向别时圆？
人有悲欢离合，月有阴晴圆缺，此事古难全。但愿人长久，千里共婵娟。

杜牧《赠别》
眼前迎送不曾休，相续轮蹄似水流。
门外若无南北路，人间应免别离愁。

王勃《送杜少府之任蜀州》
城阙辅三秦，风烟望五津。
与君离别意，同是宦游人。
海内存知己，天涯若比邻。
无为在歧路，儿女共沾巾。

白居易《长恨歌》
钗留一股合一扇，钗擘黄金合分钿。但教心似金钿坚，天上人间会相见。
临别殷勤重寄词，词中有誓两心知。七月七日长生殿，夜半无人私语时。

在天愿作比翼鸟,在地愿为连理枝。天长地久有时尽,此恨绵绵无绝期。

小 结

写不尽的离情,诉不完的别怨,古今中外离别是一大文学主题。柳永说"多情自古伤离别"。是的,人是因为"多情"而惧怕离别。亲情、友情、爱情牵牵绊绊,又如《大话西游》里唐僧那句经典台词:"就算砸到花花草草,也不好"。路边的花花草草、小院里的猫猫狗狗、甚至是一种气味、一种氛围,都容易让人产生感情。而同时,人是占有欲强的动物,如果获得了,便害怕失去。人是群居动物,离开熟悉的社群,就会很恐慌。

人生在世,最怕离怀别苦。很久以前看过这样一个故事。年逾古稀的两兄弟终于在分别几十年后见面,临走时,弟弟泪流满面说道:"哥哥,这可能是我们这辈子最后相见了呀!"因为年龄,长距离的出行对于他们来说已经不可能,所以只能"但愿人长久,千里共婵娟"。

离别是违背人性的,但历史的车轮推着人往前走。在进入文明社会之前,人类的祖先过着集体生活,集体出猎、集体行动。人的活动范围也有限,如果没有重大变故,他们会世世代代生活在一片森林里,每天的活动范围不过数十里。

后来,随着时代的发展,车代步,船渡河。在传说里,黄帝教人们砍掉大树,挖空树心,做成船渡河。黄帝又教人用直木做轩,即车架;用圆木做辕,即车轮。人们的活动空间扩大,可日行百里。

但单靠车船,古人的人生还是在广袤的空间中来去自如,这是古人多离怀别苦的原因。古人进京赶考或者出仕做官,总得提前一年半载;待到他们要衣锦还乡、荣归故里之时,一个来回又要耗去一年半载。所以古人的"行万里路"付出的时间代价是巨大的。

当有了远行的能力,离别便成为常态。离别也分好多种。中国有句话叫"父母在,不远游",亲情离别是一种。"桃花潭水深千尺,不及汪伦送我情",还有友人之间的离别。最磨难人的是"便纵有千种风情,待与何人说"的恋人之间的分离，也就是我们现在常说的异地恋。此外，还有同窗的分离、离别故乡国土等。

中国是礼仪之邦，离别送行还有一套礼仪。《礼记》中说："嫁女之家，三夜不息烛，思相离也。"当然，"送君千里，终须一别"则是用于送行总结时很好的客套话。连孔子和老子都不免客套。孔子去周，而老子送之曰："吾闻富贵者送之以财，仁者送之以言。吾虽不能富贵，而窃仁者之号，请送子以言乎！凡当世之聪明深察而近于死者，好议人者也；博辨宏大而危其身者，好发人之恶者也。"孔子曰："敬授教。"古人送行，有赠礼者，有赠言者，有畅饮者，有痛哭者。

夏尔·德·圣埃弗雷芒曾说："短暂的离别会促进爱情，长久的分离却会将它扼杀。"亲情相对牢固，而其他后天培养的友情、爱情等就很容易被距离稀释。既然上帝给予了人触感，真实的、面对面的接触是最符合人性的交往方式。长久的离别而使感情变淡并不是人薄情，而是相较于记忆，人更依赖触感和面对面的交流。

随着社会的发展，交通和通信工具大大地拓展人的活动范围和交流空间，地球成了地球村，也有一种人叫"空中飞人"。科技让人提高了生命的速度，相较于古人，我们可以做更多事，免去了更多的离别之苦。

"离"是情分的杀手，"合"有时候也是情分的坟墓。"离"虽然把情杀死，但很可能是在情最美好的那一刻，就像烟花，一飞冲天，绚烂绽放，然后又瞬间消失。但你的记忆里，永远记得烟花绽放的美好的那一刻。但"合"往往催发矛盾冲突。一句被熟知的话是"相见不如怀念"，就是说的"离"与"合"的这层关系。

纵观中国的爱情佳话，"牛郎与织女、孟姜女哭长城、白娘子永镇雷峰塔、梁山伯与祝英台"，都是因为离别而凄美，而最终被传颂。但生活中"一时相爱，一世相恨"的却不少，最亲近的人互相撕破脸往往最难看。

人，本是以自身快乐为最终目的的动物，就像远古社会的共产走向私有制一样，人与人更明确的区隔是符合人性的。即使是更给人安全感、愉悦感的"相聚"，也要把握好度。当然，人生短暂，相聚共度确为人生之大幸，更有不少美好佳话。

离与合，古今有之，中外有之。中国人用睿智在离与合之间，建立了另外一个概念，叫"缘"。"缘"最初的含义与衣服有关，本义是"装饰衣边"。现代日常生活中大多抽象为了"因缘""机缘"等。"缘"这一思想，主要还是来源于佛教。在《杂阿含经》卷十二里这样讲解"缘起"："此有故彼有，此生故彼生；此无故彼无，此灭故彼灭"，最终得出"诸法由因而缘起"。在佛教在中国的传播过程中，"缘"最终成为中国人的一种集体意识。这样一种意识既可以解释这世间分分合合的万象，又可以平复人患得患失之心，可谓是人间"悲欢离合"的良方。

经典导读

《旧约全书》

《大智度论》

柏拉图《斐多篇》

亚里士多德《伦理学》

阿奎纳《神学大全》

拉伯雷《巨人传》

斯宾诺莎《伦理学》

洛克《人类理解论》

叔本华《进一步的心理学观察》

尼采《善与恶之外》

《中庸》

《论语》

老子《道德经》

仇与恨

仇，形声字。从人，九声。本义音为 qiú，匹偶、同伴之意。《说文》里有："仇，雠也。"雠，是二人相当、相对之谊，也有怨恨之意。《史记·晋世家》中："仇者，雠也。"有"仇恨"之意。《史记·留侯世家》中："悉以家财求客刺秦王，为韩报仇。"有"仇人；仇敌"之意。《史记·魏公子列传》："公子使客斩其仇头，敬进如姬。"《韩非子·孤愤》："智法之士与当涂之人，不可两存之仇也。"

恨，形声字。本义：怀恨在心，怨恨。《说文》里："恨，怨也。"也有遗憾、后悔之意。如晋陶渊明《归去来兮辞》中："恨晨光之熹微。"

大师人话

《新约全书》

我们应当彼此相爱，这就是你们从最初便听到的命令。不能像该隐，他属于那类恶人，杀了他的兄弟。为什么杀了他呢？因为自己的行为是恶的，兄弟的行为是善的。弟兄们，世人若恨你们，不要以为稀奇。

柏拉图

无经验的盲目信任会产生恨世情绪——你相信一个人，认为他既真诚，又稳健，又忠实；不久，他却表现得既虚伪，又狡诈。当一连遇上几个这样的人后，尤其在最信任、最熟悉的朋友中发现了这样的人后，你便会经常与他们争吵。终于，你恨一切人，相信没有一个人真心为你好。

亚里士多德

清楚地研究敌意和仇恨的方法是参照其对立面。愤怒、怨恨、诽谤均可产生敌意，会因某人对自己的冒犯而产生愤怒，不被冒犯时甚至也可以产生仇恨，甚至我们可以仅仅因为性格使然而恨某些人。愤怒总是针对个人的……此外，愤怒可由时间治愈，仇恨则不能。

塔西佗

接受别人的恩惠是件快事，只要我们相信我们能够给予回报。当远远不可能回报时，它得到的就会是仇恨而不是感激。

阿奎纳

绝对说来，爱应当比恨更强烈，因为一个事物趋向终点的运动比采用的手段更为有力。改过自新时的弃恶被看做从善的手段，因此，绝对来说，向善的心灵运动比向恶的心灵运动更强有力。

但是，仇恨有时似乎比爱更强，其原因有二：第一，恨比爱的感觉更深；第二，当爱与恨做比较时，二者并不相等。

霍布斯

仇恨、淫欲、野心和贪婪等激情易于产生哪些罪恶，对于每一个人的经验和理解说来都十分明显，所以除了指明下述一点以外，无须多加讨论：它们是人类和其他一切动物天性中根深蒂固的弱点。如果不特别运用理智，或经常对其施以严厉的惩罚，很难防止产生不良后果。因为人们每每把自己所恨的事情看作经常不可避免地使自己烦恼的根源，正是这一点，一个人要不是必须具有坚忍不渝的忍耐，就只有消除使他烦恼的那种力量才能使他平静下来。前者是难于办到的，而后者则在许多时候不违反法律就不可能办到。

斯宾诺莎

爱不是别的，是一个外在的原因的观念所伴随着的快乐。恨不是别的，是另外一个外在的原因的观念所伴随着的痛苦。我们还可以看出，凡爱一物的人，必然努力使那物能在他的面前，并努力保持那物；反之，凡恨一物的人，必然努力设法去排斥那物，消灭那物。

达尔文

由此看来，这种憎恨的情绪似乎是内在而固有的，并且肯定是最能坚持的情绪之一。它和真正的社会性本能的关系似乎是既相反又相成的。从我们所听到的关于野蛮人的情况而加以推断，甚至在他们的生活里，似乎也有与此很相类似的情形。

弗洛伊德

值得注意的是，在使用"恨"这个词时，不会出现与性快乐和性机能过于密切的关系；相反，它的痛苦性倒似乎是唯一确定的。自我憎恨、厌恶，甚至要消灭所有的对象，它们成为痛苦感情的根源。它没有考虑到它们是否意味着性欲的满足或者自我保存需要的满足受到挫折。确实可以这样说，憎恨关系的原型并非来自性生活，而是来自自我为争取、自我保存和自我维护的斗争。

弗洛伊德

在我们的无意识中，我们每日每时都想将一切妨碍我们的人驱逐掉。我们生气时，常会开玩笑地说出这种话："让魔鬼抓走他！"这实际上是我们无意识中的真正的死亡愿望，其真实含义便是："让他死去！"我们的无意识还往往为鸡毛蒜皮之事而杀人，就像雅典的德拉古法一样，对任何罪行的惩罚只有一种——死刑。无意识继承和推行了德古拉法，因为在它看来，任何损伤万能的、独裁的、自我的行为，说到底都是一种叛逆罪。

于是，如果单从我们无意识的愿望来判断，我们就像原始人一样，是一群杀人者。幸好这些愿望不像原始社会时期那样具有效力，否则，在互相诅咒的交叉火力之中，人类早就灭亡了，以至最优秀、最聪明的男人和最可爱、最美丽的女人都会同其他人一样，从地球上消失。

仇与恨

《论语》

唯女子与小人难养也。近之则不逊，远之则怨。

《论语·八佾》

八佾舞于庭，是可忍，孰不可忍也！

冯梦龙《警世通言》

富贵五更春梦，功名一片浮云。眼前骨肉亦非真，恩爱翻成仇恨。
莫把金枷套颈，休将玉锁缠身。清心寡欲脱凡尘，快乐风光本分。

俗语

杀父仇，夺妻恨，仇恨大不过挖祖坟。

小　结

爱恨情仇，被看成人的四大基本感情，但这四种感情的地位是不一样的。在所有的宗教、文学、艺术、主流意识形态里，爱与情都是受到褒奖的，因为它们确实代表着人性美好、高贵、光辉的一面。而仇与恨是受到鄙视、唾弃的，仇与恨代表人的偏执、狭隘，还会引发人的好斗、残暴。复仇，或者释放恨的过程，更可能是一条天使变魔鬼的过程，可能还会带来巨大的毁灭性的结果。

其实仇与恨，是两个词，也是两件事。仇是大多恨的因，恨是果。仇是事实判断，恨是价值判断。

仇是事实判断，所以仇是不应该受到鄙视和唾弃的，至少说，不能因有"仇"而感到羞愧。有"仇"，才说明你有领域，才说明你是一个独一无二的人。人是领域生物，不论在利益、感情，还是精神上，人都给自己划定了一个空间。人人都有一个领域，有些人的领域互不侵犯，他们的人生或许没有交集，有了交集至少也可以当朋友。而有些人的领域却是相反的或者相抵触的，那么势必有"仇"。利益争夺，带来损益，仇是必然的。爱情里的背叛，也是对于个人感情领域的伤害。而精神上相反或相抵，也可以看成仇，它所引发的"恨"不输前两项。

所以仇是必然的，无法回避，无法贬低，更无法避免，但恨却很复杂。恨，是一种情感选择，仇不可避免，但恨并不是人人都有，因为个人的一些特质而选择了"恨"。

由仇发展到恨，源于计较利益得失的。利益得失上的恨是最普遍的，也是最不可避免的。空间领域是有限的，资源是有限的，机会是有限，利益是有限的——人类历史所有的战争都是来源于不可避免的"仇"。

由仇发展到恨，来源于人的感情上的偏执。最容易发展成恨的感情便是爱情。亲情，让人无法割舍，更让人不计得失。友情，即使朋友间再亲密但也会保持领域区分。唯独爱情，在亲情与友情之间，给予全部又计较得失，包容一切又希望占有全部。如金庸小说里李莫愁与陆展元的爱情纠葛，男人背信弃义另结新欢，其实很常见，但李莫愁十几年都难以释怀，由爱生恨，这来源于她对"爱情"的偏执。

由仇发展为恨，还来源于人精神上的狭隘。由于人对"真与假""是与非""对与错"的狭隘理解，基于自己的精神世界，判断别人的精神世界。这种狭隘的精神力量，其爆发力往往让人震惊。人，有时候是工具理性生物，这可以理解，毕竟计较的是立竿见影的利益。但人，有时候也极端的价值理性，在精神上的强权便是一例。往小了说，"三从四德"的人仇恨寡妇改嫁；往大了看，共产主义仇恨资本主义，一神教仇恨其他宗教。

当然，恨还并不全由仇所引发。人面对的最大的难题就是认识自己。有时候，恨还可能来源于嫉妒，如杀死弟弟亚伯的该隐。有时候，恨还可能来自"爱"太多。记得小说《白鹿原》里，黑娃回来抢劫白家，他打断了白嘉轩的腰，并说了一句"小时候，就觉得这腰太直了"。因为白家给予他们家的太多，反而生恨。这就如塔西佗在《编年史》里写道："接受别人恩惠是件快事，只要我们相信我们能够给予回报。但当远远不可能回报时，得到的就是仇恨而不是感激了。"

恨，这种感情，有时候只是苦了自己。并不是所有人都有勇气去当该隐，也不是所有人都混沌去作黑娃。恨，滋生在自己心里，佛语"放下屠刀，立地成佛"，这把"刀"其实是在人心里，折磨自己。

恨还会让一个人变得丑陋，这一点在女人身上表现得最明显。男人会觉得傻女人可爱，觉得精明的女人更有挑战性，但面对一个怨妇，所有的男人都会敬而远之。

而恨的价值，偶尔会让人无法判断。比如，现在在小学课本里面的"卧薪尝胆"的故事——其实这也就是个国王复仇记。亡国之恨让他励精图治、发奋图强。恨，反而给他的人生注入了强心剂。

恨当然也是"恶"的，它能吞噬人性。小说《砂丁》中的工人癞头和尚这样描述自己复仇时的感受："杀人比杀鸡容易得多！"这是多么麻木不仁的表白，恨会让人犹如魔鬼附体，怒火中烧时，没有任何道德、规则和基本的恻隐之心。

最后，人类建立了规则，以解决仇与恨。

在一个小小的群体里，如宗族里，都有一套规矩。田地纠纷、行为规范、信仰思想都在这规则里。仇可以用规则里的办法来解决。这里面既有民主，也有霸权。田地纠纷由族长根据族规和平解决，减少同族间的冲突。但男女"奸"情，为了平息众怒与仇视，往往采取的解决方法比较极端。

法律代替私刑成为人们"合法"报仇工具。仇，特别是杀亲、失财，这种仇恨人自身是很难消化掉的。为了整个社会的运转，法律作为第三方来履行"报仇"。虽然现代法律不像汉谟拉比法典"以眼还眼、以牙还牙"，但行为人还是会受到相应的惩罚，甚至是死刑。

仇无法避免，恨难以消除。相信法治，这是最不坏的选择。

经典导读

《新约全书》

柏拉图《斐多》

亚里士多德《修辞学》

话语的魔力——以关键词为例的哲学解读

阿奎纳《神学大全》
霍布斯《利维坦》
斯宾诺莎《伦理学》
达尔文《人类的由来》
弗洛伊德 《本能及其变化》
《论语》

老与病

老，会意字，甲骨文字形像一个手里拿着拐杖的老人。本义：年老，衰老，可表"五十至七十岁的高龄"。《说文》："老，考也。七十曰老。"《国语·吴语》："有父母耆老而无昆弟者以告。"有"历时长久"含义，归有光《项脊轩志》："百年老屋，尘泥渗漉，雨泽下注。"也有"老年，晚年"之意，《资治通鉴·唐纪》："皆羸老之卒。"杜甫《石壕吏》："老妇出门看。"

病，形声字，本义：上古时指重病。《说文》中有："病，疾加也。"《仪礼·既夕礼》："疾病外内皆埽。"《易·说卦》："坎为心病。"《左传·襄公十九年》："疾病而立之。"可表"生理上或心理上不正常的状态"。《韩非子·喻老》："君之病在肌肤。"也可表"缺点；毛病；瑕疵"。韩愈《原毁》："不如舜，不如周公，吾之病也。"

大师人话

《新约全书·马太福音》

当时，门徒进前来问耶稣，天国里谁是最伟大的？耶稣便叫来一个小孩，让他站在他们当中，说："我对你们实说，你们若不回转变成小孩子的样子，断进不得天国。"

所以凡自己谦卑得像个小孩的，他在天国里就是最伟大的。

凡为我的名字，接待一个像这样小孩的，就是接待我。凡是伤害像我的一个小孩的人，最好把大磨石拴在他的颈项上，沉入深海。

《新约全书·马太福音》

我实实在在告诉你,你年少的时候,自己束上带子,随意往来。但是年老的时候,你要伸出手来,让别人把你束上,把你带到你不愿去的地方。

西塞罗

生命的途径是固定的,自然只安排一条途径,每人只能跑一回。生活中每一阶段自有其适宜的特质:童年的幼稚,青年的勇迈,中年的稳重,老年的成熟——这都是自然的程序,应该按照适宜的时候去令人享受。

乔叟

老话说得有理,高年是占优势的:高年可以带来智慧与经历。人们尽可跑得比老年人快,却不能超过他的智力。

路德

小伙子被姑娘引诱,三十岁的男人被金钱引诱,当他们四十岁时,被荣誉和荣光诱惑,而六十岁的人会对自己说:"我成了多么虔诚的人啊!"

蒙台涅

老年人心灵上的皱纹比脸上的皱纹要多;我从未看见或很少看见,日益变老的灵魂没有酸臭味和霉味的。人在一生中既成长,也在衰老。

托马斯·布朗爵士

不要对自然在你的生命中划分出阶段而感到惶恐:这些阶段是少年、青年、成年和老年,但是你不要把它们划分四个时期,而要始终如一地以一种方式生活,把它们看成一个时期。让每个阶段都是合乎德行的幸福生活,不犯任何罪恶。让每个阶段都有其有益的变化,必须使自己摆脱前一个阶段的不完满的地方,指导整个生活,以便尽可能在更多的时候,使自己的行为严谨和有德行。

约翰逊
每个老人都抱怨世界日益腐败，正在成长的一代人无礼而傲慢。他列举了过去的礼仪和程序，赞美他年轻时经过的纪律严明的时代；那个幸福时代现在已不可再期待了，因为混乱使世界四分五裂，破坏了所有礼貌和尊敬的界限。

约翰逊
即使在年老时，我们也不情愿放弃什么东西，我们甚至仍假设自己有力量能讨好女性。

拜伦
老去时最大的苦痛是什么？什么东西使额上的皱纹加深？
眼看所爱的人儿相继入墓，就像我这般，成为孤独的人。

黑格尔
一般地说，老年人较为宽容，少年人终是处处不满足。老年人的宽容，并不是完全漠不关心，而是由于判断事理已经到了炉火纯青的地步，就是对于次等的事物也能知足，因为老年人阅世既深，才能觉察事物的实在价值。

叔本华
有人活着历阅了两三代，他就像有时坐在街肆的变魔术的人的小摊前，观看表演两三遍。这种把戏只需看一遍，当它们没有什么新玩意儿时，则无法再骗人了。

桑塔亚那
不会哭的年轻人是野蛮人，不会笑的老年人是傻瓜。

曹操
老骥伏枥，志在千里；烈士暮年，壮心不已。

《三字经》
香九龄，能温席，孝于亲，当所值。

《千字文》
资父事君，曰严与敬。孝当竭力，忠则尽命。

《礼记·礼运篇》
人不独亲其亲，不独子其子，使老有所终，壮有所用，幼有所长，鳏寡孤独废疾者皆有所养。

《孟子·梁惠王上》
老吾老，以及人之老；幼吾幼，以及人之幼。天下可运于掌。

《黄帝内经》
正气存内，邪不可干。

韦恩·W. 戴埃
越来越多的事实表明，人们甚至可以选择肿瘤、流感、关节炎、心脏病，以及包括癌症在内的各种疾病，尽管人们一向认为这些疾病是自然产生的。在治疗一些所谓"不治之症"的患者时，研究人员认识到，帮助患者打消希望生病的念头，可能是消除内在病源的一种手段。有些民族就是这样消除病痛的，他们主张完全控制人的大脑，并认为"自我控制"实际上就是大脑控制。

小 结

生与死是人生的两个点，而老与病便是人最临近终点的状态。对于人而言，不论多么伟大的、智慧的、鲜活的或者美好的生命，终会面临"老和病"。每个个体生命都会在感知中失去光滑的肌肤、强有力的臂弯、灵活的身

老与病

体和睿智的头脑。被"老与病"缠住,人甚至无法独立保持作为一个人的基本尊严。不论当年多么"金戈铁马,气吞万里如虎",但最终也只是"廉颇老矣,尚能饭否"。

换个角度看,"老与病"是上帝给人类的一个紧箍咒。上帝把多么美好的礼物给了人类——一个可感可知的人生。但花花世界,七情六欲,财富、名声、欲望、美人、美景、美食,这才叫"乱花渐欲迷人眼"。人应该怎样过一生呢?碌碌无为,浑浑噩噩?纵欲享乐,今朝有酒今朝醉?还是要勤勤勉勉,耕耘不止?对于这千古一问,西方宗教里有"七宗罪",即傲慢、妒忌、暴怒、懒惰、贪婪、饕餮、色欲,希望能让人免入歧途。佛教里也教导信众戒"贪、痴、嗔",或者还有恐吓意味的"十八层地狱"。这些都是人类通过自觉,追求真、善、美,给自己划定的行为范围,以保证个体生命的质量和整个集体的利益。但上帝早就给人带了紧箍咒——"老与病"。没有"老"时刻紧逼,人怎么会知道"一寸光阴一寸金,寸金难买寸光阴"。没有"病",人怎么会知道"身体倍儿棒,吃嘛嘛香"有多安逸。

但我们认识到"老与病"是生命常态,却经历了很长的过程。罗素曾经评论中国人说"没有哪个国家的人像中国人这样怕死"。确实,中国历来就有追逐"长生不老"的传统,上至皇帝、贵族,下到黎民百姓,都做着"仙人抚我顶,结发授长生"的梦。帝王中,秦始皇为求仙而到东方沿海巡视,自己求仙未果,便派徐福领着三千童男童女求仙。汉武帝为了求长生不老,把女儿都嫁给了方士。道教质朴的世界观认为"服金者寿如金,服玉者寿如玉",以此观点为指导思想的炼金术,阴差阳错地发明了改变后世战争的火药,但也害死了不少求长生的帝王公孙。民间故事里,关于长生不老的"仙人""仙丹""仙草"的说法,也层出不穷。

中国人一边希冀着"不老、不病",但同时却又有近乎苛刻的"尊老"传统。中国是一个农业国家,传统的农业耕种技术是历代人积累总结而来的,而这些是中国农业生产的基础。老年人虽然劳动能力下降甚至丧失,但老年人有丰富的生产知识、生产经验和生产技能,在教育只能依赖口耳相传的情况下,老人成为了受人尊敬的对象。同时,老人还是部族内部维系血缘关系的纽带,保证整个族群部落团结一致。所以中国人对先人的感恩、崇敬、权威意识,自殷商便有。西汉汉武帝采纳董仲舒的"罢黜百家，独尊儒术"后，儒家思想及其伦理道德成为中国社会的正统思想，而"孝"观念在儒家思想中居于基础性的地位。"孝"与"悌"结合，前者是处理上下关系的基本准则，后者是作为横向关系的基本准则，成为中国传统社会中人们基本的行为准则。最终，在政治上，"孝""尊老"得到了制度化的确立和保证。中国传统社会本质上是一种宗法制度，其标志是长子继承制、分封制和严格的宗庙祭祀制度。国家与家庭形成了高度的一致性和统一性，家庭中的子孝、妇从、父慈是国家中民顺、臣忠、君仁的缩影。"孝"不再是道德要求，还是一项国家政治内容。

于是，在政治上，对于老年人有很多偏向。如有"八十者一子不从政，九十者其家不从政"，"从政"即服官役。八十岁的人，他的一个儿子不用服官役，九十岁的人，他的家人都不用服官役。又如唐律的"十恶"中，"不孝"便是其中之一。

就像现在宣传的感动中国人物一样，古代也为"孝"塑造道德偶像。广为流传的二十四孝的故事，个个都是符合主流价值标准的道德典范。当然，就如《孝经》里说，"父子之道，天性也"。孝本是人之天性，当把人之天性与政治规范相连接，即使是人之本性之事，也难免变味。如"郭臣埋子"的故事，"儿子可以再有，母亲死了不能复活"，于是为供养母亲打算埋掉儿子。虽然故事以完满为大结局，但这样的故事，这样的价值观念被传颂也难免让人不寒而栗。直至清末，从启蒙思想、社会运动，到最终实现制度的变革，中国人才开始走出严苛的家长制泥潭。

西方虽也有家庭经济的存在，但西方的小家庭经济更依赖于庄园或领主，这就决定了其家长权力的有限能量。从政治源头上，古希腊、古罗马的国家完全冲破了家族血缘关系，不同于中国的家国不分。例如，英语中的国家有"country""nation""state"，它们分别有"民族""故乡""政府"的含义。西方家国没有统一在一起，对于例如"孝"这样的个人道德，也就没有上升到政治层面。西方人受个体文化、契约文化影响，其"尊老"思想在我们看来近乎淡泊。

但对于"老与病"的科学认识，让其脱离宗教迷思和道德泥潭，是由西方滥觞。早在1543年，维萨里发表《人体构造论》，建立了人体解剖学，标志着医学新征途的开始；同时，也为人类对"生老病死"的认识开启了一个新的经元。到 17 世纪，牛顿发现万有引力、开普勒证明行星运动三大定律，还有哈维发现血液循环，这标志着生命科学开始步入科学轨道。18 世纪，莫干尼把对疾病的认识由症状推到了器官，建立了病理解剖学，为研究疾病的生物学原因开辟了道路。19 世纪，德国的植物学家施莱登和动物学家施旺提出细胞学说，使人类对生命的观察缩小到显微镜之下。20 世纪，有摩尔根的基因论，更有 DNA 双螺旋结构分子模型的建立。21 世纪，细胞克隆哺乳动物技术的突破、人类基因组计划的实施、干细胞研究的进展等，生命科学发展到这个阶段，已经超出了科学的范围，涉及伦理、道德、宗教等各个领域，但科学的发展在客观上是昭示着人类的福祉。

讨论"老与病"，或许有中西之差异，可能受科学的发展阶段的局限。但除去这些，把"老与病"上升到社会层面来看，社会是人类为追求整体福祉而形成，那么"老与病"或者说"老弱病残"，是每一个社会发展时需要顾及的短板。美国管理学家提出了短板理论：木桶能存多少水，不在于最长的木板，而是取决于最短的那块。其实，一个国家、一个社会，其前途命运，也取决于它对于短板的态度，即一个社会对弱者的态度。

在原始的部落文化里，老人因体力关系而捕获较少的猎物。《史记》里记载古代匈奴"壮者食肥美，老者食其余，贵健壮，贱老弱"。又如斯巴达，为了适应战争的需要，只给予强者生存的机会。婴儿呱呱落地时，就要抱到长老那里接受检查，如果长老认为他不健康，他就会被抛到荒山野外的弃婴场去。即便是在 19 世纪，受达尔文主义的影响，社会达尔文主义兴盛一时。这一理论认为社会也像个体一样，应被看做以这样方式进化的有机体。穷人是生存竞争中的"不适者"，不应予以帮助；在生存竞争中，财富才是成功的标志。但经过第一次世界大战和第二次世界大战，以及人类自造的自杀性武器——原子弹的爆炸，一种新的国际关系的观念被领悟和接受——不再是征服与被征服，而是合作与竞争。一个世界如此，一个社会也是如此。

社会走向现代文明，一个脱离蒙昧、脱离野蛮的社会，对待弱者的态度，能看出一个社会的良心。

话语的魔力——以关键词为例的哲学解读

经典导读

《新约全书》
西塞罗《论老年》
托马斯·布朗爵士《基督教的道德》
拜伦《恰尔德·哈洛尔德游记》
黑格尔《历史哲学》
叔本华《世界的苦恼》
桑塔亚那《监牢对话》
韦恩·W. 戴埃《你的误区》

罪与罚

引 言

罪是罪恶，是犯罪，"罪"与"罚"是逻辑上紧密相关的概念。英文中的 sin、crime、offense、evil，都可以翻译为中文的"罪"。人类有原罪，这是基督教的说法。阿奎纳总结人有"七宗罪"。佛教说，人有业报，有孽债，因果轮回，世代报应。这就是"罚"。

罚，是惩罚。相关最著名的文学作品是陀思妥耶夫斯基的名作《罪与罚》。不论是普通人，还是精英，或许人最大的惩罚不是来自外界，而是来自内心。犯了错就要付出代价，有罪就要受到惩罚——这是通行的理解。唯一的区别就在于，每个人内心具有不同，甚至迥异的道德律令。如果内心的律令没有惩罚自己，外界的"罚"就可以看做一种变相的报复或者迫害。

所以，何为罪？怎么罚？

大师人话

柏拉图

雅典客人：法律就像一位出色的弓箭手，应该瞄准适当的判罚尺度，并在一切情况下都对准应得的惩罚。

亚里士多德

刑罚是一种治疗措施，它实质上是通过违背当事人的愿望来达到治疗目的。

西塞罗

报复和惩罚毕竟是有限度的。更确切地说，我指的是，它应足以使作恶者幡然悔悟，改邪归正而不重蹈覆辙，对他人也可作为防患于未然的措施。

普卢塔克

德拉科的法律不是用墨而是用血写成的；他曾扪心自问，为什么要用死刑来惩罚大多数罪行？回答是：卑劣小人应受到那样的惩罚，对重大罪行不能发慈悲。

玉外纳

罪犯的命运各不相同，同样品性恶劣，一个在受苦受难，另一个却位及皇权。

普罗提诺

假如人都是同一个类型，——假如人不过是个特制的东西，按照固定的本性起作用和受作用，那他本不会比纯粹的野兽更容易受到责难和惩罚。但是，即使这种设想可以成立，人一旦作恶，还是会被挑出来定罪，这就是正义。因为他不仅仅是个严格按照计划行动的物体，他本性包含有与众不同和不受拘束的因素。

奥古斯丁

他的横行不法，是企图抢得罗马城之后，光荣、权势和财富便唾手可得，不再会因为手头拮据和犯罪后良心的不安而恐惧经济困难和法律制裁了。因此，卡提里纳也并不爱罪恶本身，而是爱通过犯罪想达到的目的。

阿奎纳
依照人法施用的刑罚并不总是为了医治受罚者,有时候纯粹是为了他人。例如,当小偷被绞死的时候,这不是为了改造他本人,而是为了他人。至少那些人可能因惧怕受惩罚而不再去犯罪。

路德
对于肆无忌惮的(人)则必须施以更严酷的刑罚。

科克
每个人的住宅就是他的城堡,如果盗贼闯入人家去盗窃或谋杀,房主人或是他的仆人在自卫或保卫自己的房屋时杀死了盗贼,那这绝不是重罪,因而他无所失。

培根
(法官)应该以严厉的眼光对事,而以悲悯的眼光对人。

霍布斯
刑罚就是公共当局认为某人做或不做某事是违法行为,并为了使人们的意志因此更好地服从起见而施加的痛苦。

巴斯卡尔
所有的罪行中,谋杀是唯一涉及对教会和国家、自然和宗教产生共同破坏的罪恶。

洛克
统治者在某些场合应当有权减轻法律的严峻性和赦免某些罪犯,因为政府的目的既然是尽可能保护所有的人,只要能够证明无害于无辜者,即使有罪的人也可以得到饶恕。

洛克

如果一位智者根据善恶标准给他人行为制定了一条规则，却又无力按照这条非自然产物或那种行为本身结果的规则来奖罚，那么制定这条规则就毫无意义。

斯威夫特

如果我们纵容欺诈的行为而不加以法律制裁，那么诚实的商人就要破产，流氓坏蛋反倒会大发其财。

孟德斯鸠

把一个作恶的人处死之所以是合法的，是因为使他受到制裁的法律也就是为他本人的利益而制定的法律。例如，一个杀人犯，他自己也曾经享受过今天据以决定他的罪行的同一法律的利益，这个法律曾经时时刻刻地保护他的生命，因此他对这一法律绝没有反对的理由。

休谟

为了公众的利益，对他处以刑罚是公正的，否则没有侵害和不义，他就不可能经受痛苦。

萧伯纳

犯罪不过是我们称之为刑法批发店中的零售部。

尼采

犯罪的类型就是强者在不利环境中的类型——失常的强者。他需要的是旷野——某种更自由、更冒险的自然状态和存在形式。只有这时，强者的一切攻防本能才会恢复其面目，他才会适得其所。

尼采

为罪犯辩护的律师是难得的艺术家，他们能将罪犯骇人听闻的罪行变成他的优点。

托尔斯泰
罪犯是在坏人成群的环境里长大的,这种情况可以减轻他的罪。

陀思妥耶夫斯基
应该特别记住,你不能做任何人的审判官。因为没有人能在地上裁判罪人,除非他自己觉悟到他和站在他面前的人同样有罪,而他对站在他面前的人所犯罪行的责任也许比任何人都大。只有当一个人领悟到了这一层意思的时候,他才能成为裁判官。假如我自己是正直的,也许就不会有站在面前的罪人了。

密尔
对于多数人来说,刑法的公正标准是惩罚与罪行相称;这意味着应根据罪犯的道德罪过准确量刑。

爱默生
罪与罚本是同根生。惩罚是一个隐藏在享乐之花当中意外长成的果实。

托尔斯泰
一切法典中免罪与减罪的情况都是建立在这三个理由基础上的。追究责任的大小,不仅要看我们对于这个行动受到批判的人所处的环境了解的多少,而且要看行动到判断行动之间间隔的时间的长短,以及对于行动原因了解的深浅。

萧伯纳
绞刑架上的谋杀是最可鄙的谋杀,因为在那儿,它披上社会许可的外衣。

小　结

"世界是一个美好的地方，且值得为它奋斗。"欧内斯特·米勒·海明威在《战地钟声》里这样说道。只不过，有的奋斗叫赎罪，有的奋斗是造孽。

原罪与造孽，基督教认为，人来到世界上是天然带着原罪的。13世纪道明会神父圣托玛斯·阿奎纳列举出各种恶行的表现，傲慢、妒忌、暴怒、懒惰、贪婪、饕餮（暴食）及色欲，并称之为七宗罪（Seven deadly sins）。宗教上的罪，叫 sin，世俗中的罪是 crime。西方主流文化认为，自从带着罪孽来到人间，人们就必须用一生的努力来令自己的灵魂获得救赎。

原罪的概念使得西方有独特的观念来看待人生和世界。东方智慧对此则有不同看法。比如，作为世界第三大宗教，佛教认为，人来自虚无，也终将回归虚无。所谓"菩提本无树，明镜亦非台。本来无一物，何处惹尘埃？"佛教没有原罪的概念，却有因果业报的说法。佛教中的"业"，指的是组成因果关系的元素，是指个人过去、现在或将来的行为所引发的结果的集合，业力的结果会主导现在及将来的经历。会受到惩罚报应的"业"，就表现为"孽"，大约就是"罪"了。

所以，有宗教信仰的人看待罪孽和惩罚，与没有宗教信仰的人截然不同。对于很多没有信仰的人而言，人生一世之后，尘归尘、土归土，更谈不上赎罪与造孽的。只要有一个世俗意义上的好结果，百年之后如何，无所谓。

有关罪的产生，太美好与太不美好，都是罪的渊薮。有些犯罪是因为缺衣少食，就像蘑菇，在雷鸣电闪的一番杀伐之后，才会产生。

但贫穷并非犯罪的唯一原因。饱暖思淫欲，人们温饱之余，或追求享乐放纵，或为情欲所困扰，或深陷名利场之中，甚至自寻烦恼，最后触犯了法。尽管有的是那些情欲得到满足、名利触手可得的幸运儿，他们还是有难填满的欲壑、追求无尽的权威、想要得到操纵一切的力量。陀思妥耶夫斯基说："人类的这些恩人和领袖中的大多数都犯下了可怕的屠杀罪"，在纵容自己的那一刻，他们就踏上了罪与罚的不归路。

有关罪的判定，只有上帝才能审判人。但在这片土地上，人们总是僭越，把一些人称之为有罪，把一些事称之为犯罪。罪是人的规定。在日本等许多国家，色情行业是合法的风俗业，是国民产业的重要支柱。甚至在从两千多年前，管仲设立第一个国营妓院开始，在我国从事娼妓行业就不算有罪。

罪是一种伤害，可以是小范围的，也可以是大规模的，可以伤害了别人的利益，也可以伤害了自己。基督教认为，伤害自己甚至杀害了自己，是最大的罪之一。罪是一种掠夺。掠夺了惹人喜爱、自己却不能保护的东西，就成了一种罪。掠夺了自己可以独自霸占的东西的人，就被叫做强人。"罪"只负责破坏，不负责建设。因为当它被称为"罪"的时候，它就再也无力建设了。

罪是一种价值判断。除了一切超验的存在，罪在人类社会中往往是由两类人判定的。一种是"强人"，一种叫"多数人"。强人是有力量抵抗多数人的人。当多数人坚信他们的利益被损害的时候，任何行为都会成为判定有罪的佐证。除非，有罪的人有强权来保护自己免于多数人的暴政；或者，罪人们获得了正义的身份，披上了光荣的外衣。这也证实判断有罪与否的两条依据标准：一条叫强权，一条叫名分。

罪的结果，由于控诉人选以及标准不同，也千差万别。所以古人云："窃钩者诛，窃国者诸侯。"窃钩者面对了多数人的控诉，无力反抗，认罪伏诛。窃国者却把多数人拉上了自己这艘贼船。当被侵害的对象变成了自己的同伙，谁还会说他是有罪之人呢？看来，究竟罪的结局如何，是很难有一个绝对的结论，如果说有，那也是决定于占据大义名分和权力制高点的那个集团，不论这个集团是按照什么标准来划分：阶层、年龄、性别、收入、血统，还是出身。

如果说罪的结果里有一种是惩罚的话，那么就正如萧伯纳在《人与超人》中提到的"罪犯并非死于法律之手，他们是死于他人之手"，罚是对于侵害了惹不起的人群所得到的回报。这种回报是披着正义的外衣作出的残酷决定，是为了维持某种制度而必须流的血，这群人如果是多数人，那这群人就是暴民。如果是少数人，那他们就是明里暗里的贵族。

罪与罚并不必然地联系在一起，并非每个罪人都像陀思妥耶夫斯基笔下的大学生拉斯柯尔尼科夫那样，从虚幻的超人梦破灭，到服从于良心的认罪。有些人犯了大多数人眼中的罪孽，却从不遭受良心的折磨。这不符合常理，但这却是事实，因为他们本非常人。

唐玄宗抢了自己的儿媳妇寿王妃之后，从此过上了百般幸福的生活，从来没见他对自己亲生儿子有任何内疚。清太祖努尔哈赤的儿子莽古尔泰，看到亲娘得罪了亲爹，把妈妈杀了找爸爸努尔哈赤邀宠，后来成为手握重权的四大贝勒之一。弑母对他而言，仿佛也没有多少道德的刺痛。似乎有一些人的道德门槛确实比大多数人要低一点，以至于可以让他们在跨过血泊的时候，可以很容易地得到自己良心的准许，甚至心安理得。

所以罪的结局还可能是奖励。奖励其实就是对于侵害了惹得起的人群所得到的回报。比如唐玄宗，比如莽古尔泰，他们以"抢"的方式，以最小的物质成本，得到了实际的利益，不仅没有得到物质惩罚，更没有受到任何的道德约束。古罗马皇帝奥勒留说："每一次心灵的混乱都是对自己的惩罚。"这样看来，他们的这些所作所为，似乎还没有达到让他们心灵混乱的程度。

他们的罪，或严格地说，我们眼中的他们的罪，最后让他们得到了实际的奖励。罪与罚的因果关系永远是常人的逻辑，尼采说这种人是"超人"，这个词容易带有价值色彩，其实他们是一种"非人"。

少数派的悲剧和喜剧。未必是少数派才会犯罪，但犯罪的一定是少数派。犯罪是一种破坏。"罪"破坏了现有的环境，打碎了既定的规则，扯烂了温良的面纱，冲击了桎梏的制度。"罪"彰显了反抗的力量，揭露了当权者的恐惧。"罪"的概念本身就是一种惩罚，是多数人对少数人的惩罚，是少数强人、非人对众人的惩罚。少数派的悲剧在于，很难不依靠同伙的数量来壮胆，很难只依靠内心的强大和理智的坚持来活着。比如，明代最著名的冤魂袁崇焕，坚守宁远近十载，本事够大，可惜时不我予，死得比谁都惨。少数派的喜剧在于，除了获得逆转乾坤的本事之外，还有让人羡慕嫉妒恨的好运气，赶上一个开明的好时代。如果布鲁诺生在达·芬奇的时代，没准也就是被"雪藏"罢了。如果达·芬奇生在当前的时代，估计不需要解剖尸体的时候再偷偷摸摸了。

经典推荐

柏拉图《法律》
亚里士多德《伦理学》
西塞罗《论义务》
陀思妥耶夫斯基《罪与罚》
普卢塔克《希腊罗马人物对比传记》
玉外纳《讽刺诗》
普罗提诺《九章集》
奥古斯丁《忏悔录》
科克《科克案例汇编》
培根《论司法》
霍布斯《利维坦》
巴斯卡尔《致外省人信札》
洛克《政府论》《人类理智论》
斯威夫特《格列佛游记》
孟德斯鸠《论法的精神》
休谟《道德原则的研究》
尼采《偶像的黄昏》《善与恶之外》
托尔斯泰《战争与和平》

美德与恶行

美德（beautiful character; moral excellence; pleasant virtue），指"美好高尚的品德"。《荀子·尧问》："周公谓伯禽之傅曰：'汝将行，盍志而子美德乎！'"《史记·礼书》："洋洋美德乎！宰制万物，役使群众，岂人力也哉！"鲁迅《伪自由书·文人无文》："自然，嘴唇干和头皮痒，古今的圣贤都不称它为美德，但好像也没有斥其为恶德的。"

恶（è），形声字。从心，亚声。本义：过失。《说文》："恶，过也。"《颜氏家训》："恶上安西。"《左传·定公五年》："吾以志前恶。"泛指一般罪恶（evil）。南朝齐·丘迟《与陈伯之书》："恶积祸盈。"

大师人话

《新约全书》

弟兄们，我还有没说完的话。凡是真实的、可敬的、公正的、清洁的、可爱的、有美名的，若有什么德行，若有什么称赞，这些事你们都要思念。

荷马《奥德修纪》

世人的一生是短暂的，如果一个人生性吝啬，做事太小气，任何人都会看不起她，在她生前，人希望她遭到不幸；在她死后，人要拿她作为笑柄。如果一个人品格高贵，做事大方，宾客们就要传播她的名声，大家都会称她为高贵的人。

亚里士多德《伦理学》

美德有两种，即理智方面和道德方面的。理智方面的美德的产生和发展大体上归于教育（因此它需要经验和时间），而道德方面的美德乃是习惯的结果。也正因为如此，它的名称——伦理乃是由习惯一字略加改变而形成的。从这里也可以清楚地看出，道德方面的美德没有一种是由于自然而产生的；因为没有任何由于自然而存在的东西，能够形成一种违反其自然的习惯。

贺拉斯《诗简》

避开恶行就是美德；最高的智慧就是摆脱愚蠢。

塞内卡《自然的问题》

恶行是容易染上，它难以发现；恶行需要统治者和引导者。但是恶行即使没有人教，也能成习。

马尔库·奥勒留《沉思集》

道德品质的完善就在于要像度过最后一天那样来度过每一天，这样做既不是被动的一时头脑发热，不是慢慢吞吞、疲疲沓沓，也不是装扮成伪君子。

普罗提诺《九章集》

恶的大多数形式甚至全部形式，对宇宙万物都是有用的——正像毒蛇有其用处一样——尽管在大多数情况下，这些形式的作用不被人所知。恶行本身有许多有用的方面，例如，在艺术创作中它可以带来许多美好的东西，它激励我们去过富有思想性的生活，不让我们在平平安安的情况下昏昏沉沉地消磨时光。

奥古斯丁《忏悔录》

除了罪恶外，有什么值得谴责呢？我却为了不受谴责，越加为非作歹，并且由于我缺乏足以和那些败类媲美的行径，便捏造我没有做过的事情，害怕我越天真越不堪，越纯洁越显得鄙陋。

阿奎纳《神学大全》

人被认为是善还是恶，主要取决于对人类意愿满足的情况：凡是善人和有德行的人，都喜欢有德行的工作；凡是恶人则喜欢恶的工作。

帕斯卡尔《思想录》

我们保持我们的德行并不是由于我们自身的力量，而是由于两种相反罪恶的平衡，就像我们在两股相反的飓风中维持着直立那样，取消这两种罪恶中的一种，我们就会陷入另一种。

斯宾诺莎《伦理学》

天地间没有任何个体事物比起遵循理性的指导而生活的人，对于人更为有益。因为对于人最有益的就是本性与他相符合的，换而言之，就是人（这是自明的）。唯有当一个人遵循理性而生活，他才可说是绝对地依照他自己的本性的法则而行动，而且也唯有这样，他才能永远地、必然地与别人的本性相符合。所以，没有任何个体事物比能遵循理性的指导而生活的人于对人更为有益。

洛克《人类理论》

任何人一加思考就会看到德行和恶行通常是以毁誉为公共尺度的，因为他明白，在此国所认为坏行的，在彼国或者会被认为是德行（或至少不是坏行），可是不论什么地方，德行和称赞、坏行和惩责，总是相称的。不论什么地方，德行总被人认为是可称赞的，而且只有能得到公共赞美的那些行动，才能被称为德行，德行和赞美是十分相关的。因此，人们往往以同一名称称它们。

蒲柏《论人》

支配人性的，是两种与生俱来的能力：自爱使行为发生，理性把行为克制。说这个善，说那个恶，都为我们所不取；二者各有其用，一是用以推动，一是用以克制。应看这两者能力运用是否得当,以定善恶。

密尔《代议制政府》

好政府的第一要素既然是组成社会的人们的美德和智慧,所以任何政府形式所能具有的最重要的优点就是促进人民本身的美德和智慧。对任何政治制度来说,首要问题就是在某种程度上,它们有助于培养社会成员的各种品质——道德的和智力的,或者可以说,道德的、智力的和积极的品质。

《礼记·大学》

古之欲明明德于天下者,先治其国;欲治其国者,先齐其家;欲齐其家者,先修其身;欲修其身者,先正其心;欲正其心者,先诚其意;欲诚其意者,先致其知,致知在格物。

《荀子·尧问》

周公谓伯禽之傅曰:"汝将行,盍志而子美德乎!"

《史记·礼书》

洋洋美德乎!宰制万物,役使群众,岂力也哉!

小 结

2011年10月13日,年仅两岁的女童小悦悦被车碾压,而从女童身边经过的十八个路人都漠然离去。最后,一位捡垃圾的阿姨陈贤妹救了小悦悦,但最终两岁女童还是不治身亡。这一事件,让全国都为之震惊。

美德与恶行,只在一念之间。陈贤妹救人是美德,闪耀着人性的光辉。但在这种情况下,"不作为"也等于恶行,纵容罪恶或者任由悲剧的发生都是一种恶。其实,在这个典型事件浮出水面、拷问每个人道德之前,很多人早已离美德甚远,对恶行习惯。就一个普通人而言,"美德"已经不敢扶老人怕遇

"碰瓷"，帮助病残怕是装的。而恶行呢，只要不是大奸大恶，插插队、吐吐痰或丢丢垃圾等，这都是常态。这个曾经以"礼仪之邦"标榜自己的国度，在经济狂潮和价值观混乱中逐渐沦丧。民族还是一个民族，地域还是那个地域，文化还是那种文化，中国人的"美德与恶行"观到底哪里出了问题？

讨论美德与恶行，在这之前可以铺垫一个争论作为前提，便是性善论和性恶论。这个问题在中西方有很大的差别，西方坚持性恶论，于是接受"原罪"的说法，于是用契约的形式约定相互责任利害，于是坚持"把权力关进笼子里"。在中国，"人之初，性本善"的观念占主导，于是以"修身齐家治国平天下"为德，于是以"德"选人才，以"德"判君主。事实证明，契约是锁住人性中"恶"最好的方法，也是降低社会交易成本的最不坏的方法。当然，这并不能直接证明性恶论完胜性善论。我们折中一点看，不要那么绝对，既承认性恶，也承认性善。不论是古代中国人，还是现在的中国人，不论是前十八个路人，还是第十九个路人陈贤妹，人性本质上都是善与恶的综合体。

是综合体，并不是说人与人的善恶成分是等量分配的。孟子谈论四端说："恻隐之心，仁之端也；羞恶之心，义之端也；辞让之心，礼之端也；是非之心，智之端也。"孟子这句话其实是讲了他认为的"善"与"美德"的关系，善是美德的基础。但人与人天性之别是如此之大，人性的差别也就导致了行为的差别。有些人天生具有悲天悯人的恻隐之心，观照天下众生之苦，如佛陀，或如陈贤妹。而有些人，似乎天生是撒旦的化身，如历史上的一些杀人狂魔。善与恶的天性必然影响人们行善为恶的行为。

同时，在亚里士多德那里，美德不是来源于"自然"或人性。他认为，理智方面的美德的产生和发展大体上归于教育，而道德方面的美德乃是习惯的结果。

人是一种被教化了的高等动物。人的懒惰、贪婪、饕餮、色欲、自私、残暴等"恶"，其实都是源于动物的本性。如果把人作动物来看，这些行为根本无"恶"可言。人因为要成为人，组成这个社会，人才离开"撒旦"，走向"上帝"，自然的天性也就成为了"恶"。人受的教育越文明，离动物性、离野蛮、离蒙昧也就越远。我们可以设想一下，在小悦悦出事的那条巷子里，除了陈贤妹，还会有另外一个人伸出援手。他接受的教化是，个体生命弥足珍贵，社会是一个共同体，如果今天不救小悦悦，以后也没人会救我。就这两点，足以促使他成为"第十九个人"。他和陈贤妹行为与结果相同，但却有差别。陈贤妹是孟子口中的"恻隐之心"，而他是亚里士多德那里的"教化"。我们相信人人都有恻隐之心，但我们更需要做的是教化。

亚里士多德还说了一点，便是习惯。笔者更愿意把它引申为"环境"。习惯来源于环境的培养，而人是环境生物。所谓的"美德"与"恶行"，都是在一定的环境中培养的。最近几年，中国经济发展了，中国人出国旅游的也多了，于是各大旅游景点便有了中文提示语，"请保持安静""请便后冲水""请不要乱丢杂物"。很多人把这种现象的原因归结于"素质论"，即中国人素质太差。其实，素质论和人种论一样没有依据，只能说中国国内没有形成良好的公共道德环境。一个中国人出国顶多乱丢杂物三次，不会有第四次，因为在国外他会受到至少"眼光""言语"的惩戒，中国人自己都说"唾沫星子能淹死人"，他当然怕"淹死"在外国。

洛克在《人类理论》中说："不论什么地方，德行和称赞、恶行和惩责，总是相称的。"曾国藩曾说，社会大乱之前，必有三前兆："无论何事，均黑白不分；善良的人，越来越谦虚客气；无用之人，越来越猖狂胡为。""问题到了严重的程度之后，凡事皆被合理化，一切均被默认，不痛不痒，莫名其妙地虚应一番。"

传统中国因坚持"性本善"，而付出过很多代价，但至少"善"与"美德"还是被提倡和褒奖的概而言之，人性之别、教化之别、大环境之别，让当下中国区别于之前的社会，也区别与西方社会。

经典导读

《新约全书》
荷马《奥德修纪》
亚里士多德《伦理学》
贺拉斯《诗简》

塞内卡《自然的问题》
马尔库·奥勒留《沉思集》
普罗提诺《九章集》
奥古斯丁《忏悔录》
阿奎纳《神学大全》
帕斯卡尔《思想录》
斯宾诺莎《伦理学》
洛克《人类理论》
蒲柏《论人》
密尔《代议制政府》

希望与绝望

引 言

在希腊神话中"具有一切天赋的女人"——潘多拉（Pandora），打开了众神赐予的魔盒，放纵了所有的苦难，只给人类留下了唯一的美好事物："希望"。希望的出现，打破了人类黄金时代的祥和与平静。从此，人们开始直面艰辛、迎接灾祸，说不尽的涕泪横流与悲欢离合，哪怕付出再大的代价，也停不下追逐美好事物的脚步。

"希望"在东西方都是非常古老的词汇，在中文里有几种不同的意思：第一，盼着出现某种情况或达到某种目的。《后汉书·班固传》："（匈奴）徒以畏汉威灵，逼惮南房，故希望报命，以安其离叛。"唐韩愈《后廿九日复上书》："其所求进见之士，曷不足以希望盛德，至比于百执事，岂尽出其下哉！"第二，欲望。《宋书·殷孝祖传》："国乱朝危，宜立长主……而群小相煽，构造无端，贪利幼弱，竞怀希望。"第三，指美好的愿望或理想。巴金《死去的太阳》十四："他那时候充满着希望，怀着无限的热诚。"第四，指愿望或理想所寄托的对象。鲁迅《南腔北调集·答杨邨人先生公开信的公开信》："它还年青，它还存在，希望正在将来。"

英文里泛泛地讲，希望的意思类似于 hope、expect、longing、desire、aspiration 等。基督教认为，hope 是三大神学意义上的美德之一，另外两个则是信仰（faith）和慈爱（charity, love）。与另外两大美德的不同在于，希望是唯一指向未来的。例如，热切的渴望和充满信心的期待（fervent desire and confident

— 175 —

expectation)

大师人话

朱熹
债负既足,则又生希望,愈肆诛求。

《百喻经·贫儿欲与富者等财物喻》
心有希望,常怀不足。

路德
人们在世上所做的一切事情都依赖于希望。

金斯莱
永远没有人力可以击退一个坚决强毅的希望。

罗素
希望是坚韧的拐杖,忍耐是旅行袋,携带它们,人可以登上永恒之旅。

洛克
希望——一件事情如果能使人高兴,则我们在想自己将来能惬意地享受它时,心中便泛起了一种快乐,这就是所谓希望。

林肯
我的希望是想确定因为我生活在这个世界上,才使这个世界变得好了一些。

蒲柏
那种无所期望的人应该受到赐福,因为这种人从没有沮丧之情。

约翰逊
虽然希望总是受到欺骗,但是有所希望都是必要的。因为希望本身是幸福的,希望的烦恼,尽管时而发生,但总是没有希望的破灭那么可怕。

列·托尔斯泰
幸运的不是始终去做你所希望做的事,而是始终希望达到你所做的事情的目的。

培根
幸运并非没有许多的恐惧与烦恼;厄运也并非没有许多的安慰与希望。

梭罗
大群的人生活在平静的绝望之中,放弃某事物的情况就能证实这种绝望。

但丁
生活于愿望之中而没有希望,是人生最大的悲哀。

莎士比亚
黑夜无论怎样悠长,白昼总会到来。

约翰逊
希望本身是一种幸福,也许是这个世界给予的主要幸福。但是像其他所有不适当享受的快乐一样,希望过分了必将受到痛苦的惩罚,过分沉湎于期待必将最终导致失望。如果人们问,何谓危险的过分期待?很好的回答是,这种期待不是理性的,而是受到欲望的控制,期待产生不是生活的普通事件,而是期待者的要求;这种期待改变了事物的一般过程,而且破坏了行动的普遍规则。

拉罗什夫科
希望与忧虑是分不开的,从来没有无希望的忧虑,也没有无忧虑的希望。

尼采
宙斯给予人希望,而实际上这又是所有罪恶里最坏的一种,因为它延长人的痛苦。

泰戈尔
要学孩子们,他们从不怀疑未来的希望。

萨特
没有上帝、没有计划安排能使世界和其可能的事件符合我的意志。
当笛卡尔说"与其征服世界,不如征服你自己"时,本意也是如此。

吉伯特
每朵乌云背后都有阳光。

菲茨杰拉德
人们把心灵寄予世上的希望,
但它化为灰烬——即使一时兴盛维持不长,
像雪撒在荒漠沙尘的表面,
像天空中的几道闪电,瞬间即亡。

莫里兹
希望欺骗了我们的地方,就存在着希望。

杰拉尔德·曼利·霍普金斯
我只能做一件事,去希望,想要等来日方长,不选择无望。

小 结

它是最好的东西，也是最坏的东西；它是生存的意义，也是走向末路的序曲——这就是希望：诸神留给人类的最终幻想、造物主赐予我们的终极武器。希望，何谓希望？渥尔渥兹曾经这样描述，希望：

"是晨曦中的水珠串串挂在绿草纤细的叶尖上，

或是一个蛛网装饰在一个狭窄而且危险的通道旁。"

希望代表了人类积极的好奇心。与诚恳、谦恭、忠实和善良等美德相比，希望是人类关于未来的全部美好想象。拥有希望的人类，其实从来没有长大过，就像一个充满好奇的婴儿宝宝，到处乱爬。人类或许永远都不知道下一秒钟的世界究竟会发生什么，是福是祸？是实现了心怀已久的梦想，还是迎头一棒打在头上？这有限的大脑怎么能管得了那么多。人们所想的只是推开眼前的这扇门，然后出现天堂。如果万一出现了地狱怎么办，那就认栽吧，成功总是需要牺牲的，未来总值得探索——人们常常一边念叨着希望，一边这么安慰自己。谁让"记吃不记打"是人的本性呢？人类早已经身经百战、愈挫愈勇，因而面对未知的时候，依然我行我素、屡败屡战、屡教不改。

人类从诞生的那一刻起，就给自己画了一个大大的饼，起了名字叫做希望。大饼很大，虽然不一定吃得着，但是毕竟很好看。吃到了嘴里，希望就是最美好的东西。《肖申克的救赎》里就让人们尝到了希望的滋味。主人公 Andy 在监狱里用了二十年的时间，挖成了 Red 认为六百年都无法凿穿的隧道。重获自由的一刹那，"希望牌大饼"焕发生机，顿时成了永恒的、无法超越的主题，光芒四射，照耀苍穹。

也有人认为希望也有残忍的一面，比如雨果，他说过"寄托有时便是断送"。希望如果无法得到实现，结果无疑是延长了等待的痛苦。焦灼、无助、不断的失望与再次的期待，尼采批评说希望"实际上这又是所有罪恶里最坏的一种"也就是这个意思。无法实现的希望，常常被称为幻想。这时候希望就像一张无法兑现的支票，孤零零地在风中炫耀；又像埃及的斯芬克斯，张牙舞爪在路边出谜题，等待某一天把路人吞噬。但这一切都是马后炮，只有在人们决定不再等待的那一刻，这张支票的性质才能盖棺论定。

希望、渴望、失望、绝望，可以看作温度计上的不同刻度。热烈的希望，就成为逞一时之快的渴望，热度太高，燃料就会不够，注定是不能长久的。失望就是来了一场大风雪，浇灭了希望的火苗，人就处于冰冷的风暴中心。失望到了极点，就成了绝望。绝望中的人，就像一头冻僵的野兽，似乎也还有呼吸，但却仿佛没有了灵魂。希望和绝望是见不得面的孪生兄弟。俗话说"生死之外无大事"，如果一定要说有什么东西值得人绝望，那恐怕就是死亡。

人"出生入死"的过程——人生处处都伴随着各种希望，自己的希望，父母的希望，朋友的希望。而且，严格地说，人即便是选择死去也无法摆脱希望的影子。因为，当人做出了新的选择而放弃了旧的，那么新的希望也随之诞生；旧希望破灭的那刻，新的希望也随之萌芽。从这个意义上讲，希望也是价值层面的选择。人总是处于不断的选择当中，选择与放弃选择的矛盾心理过程可以通过简单的"我希望"来体现。任何选择，都是对人的价值偏好、价值预期的小测验。每一次选择代表了一种希望，每一个希望体现了人的价值偏好。

希望的另一种表述是"我想要"，是人给自己打的一针兴奋剂。希望的感应区来自大脑皮层一个特殊的区域，当人们发现变"我想要"为现实的机会时，大脑灰质就会分泌出一种特殊的神经递质——多巴胺，于是人们便心甘情愿为了希望而付出种种代价。1953年，美国科学家奥尔兹（Jams Olds）和米尔纳（Peter Milner）做过试验，在小白鼠的大脑相应部位植入电极，小白鼠可以按压杠杆来自我电击，小白鼠会不停电击自己直到精疲力竭而死。其获得的并非极乐的快感，而是获得希望——得到更好的东西的高度可能性。人也一样，人每一次追逐希望，得到的往往是再来一次的鼓励，进而产生更迫切的希望。"希望"的加速度就随着多巴胺的分泌产生了。

好的希望并不总带来好的结果，希望又和动机、结果联系在一起了。因为希望构成了一个完美的出发点，"动机"是希望在这里的昵称。出发点很好却误入歧途的比比皆是；反之，怀着邪恶的想法却歪打正着产生了积极的结果的，也毫不稀奇。只看结果，不看最初的愿望，也不看过程，是非常愚蠢的行为。比如，西方新教改革之前，教廷滥发赎罪券，宣传富人花钱买了赎罪券就可以上天堂。虔诚而富有的信徒们一心希望上天堂而采取不正常手段。即便是财主们花了买路钱，如果上帝有知，恐怕也不一定会洞开天门吧？毕竟《新约》里耶稣说过"财主上天堂是很难的"。

正如古话所讲："通往地狱之路总是铺满了美好的希望。"十字军东征时曾宣称要将上帝的教义传播到东方，结果演变成了血淋淋的战争；日本帝国曾信誓旦旦要建立"大东亚共荣圈"，最后成了众矢之的，战败投降；希特勒要建立强大的纳粹德国，终究落得自杀的下场。在平凡人的生活里，试问，谁没有好心办坏事的时候？不论是公司，还是个人，希望的蓝图总是画得漂漂亮亮，走出来的路线却常常歪歪扭扭；制订的计划总是条理清晰，执行的结果却总是千奇百怪，可以申请N个吉尼斯纪录。当人们向往美好人生的时候，不妨停下来沉思一下，是不是自己正在南辕北辙，以希望之名，走向挫败。

但不论如何，人离不开希望，人不能独立于希望而生存。希望是人的兴奋剂，是人赖以活着的大饼；希望是不断的选择，是个人价值观的投射。人即便是死，也会死于希望之中。但人偶尔会迷失，忘记了自己的希望，就会变得茫然，进而失去了探索未知的动力，丧失了追逐未来的好奇心。这样看来，希望真可谓是人类文明发展的一大动力。没了希望，人类社会还真的转不起来了。万一彻底没有了希望，人就只剩下绝望了。但绝望并不可怕，因为新的希望常常会于绝望中产生，这是某个神秘力量在人的DNA里设定好的程序。老子说："无中生有"，韩信说："置之死地而后生"。

经典推荐

拉罗什富科《道德箴言录》

萨特《存在主义》

杰拉尔德·曼利·霍普金斯《茶隼》

吉伯特·赖尔《两难》
金斯莱《痕迹》
莫里兹《爱尔德伊》
蒲柏《夺发记》
爱德华·菲茨杰拉德《鲁拜集》
泰戈尔《吉檀迦利》

权利与义务

引 言

"权",英文通用 right 来表示,是合乎道德或者合法的一种赋予——能够以特定方式行事或获得。权是名正言顺,权是我可以、我能够、我毫不心虚、理直气壮得到一些东西的代名词。

权利容易和权力搞混淆。"力拔山兮气盖世"——力是力量、是力气、是能力。所谓"权力",就是以力行权,用力量去保证权的实行,天生带有浓重的强制意味。天下熙熙攘攘,皆为利来利往——利是利益、是利害、是盈利。所谓"权利",就是"权益",有权才有利。所以权力不等于权利。

制约"权力"的是"束缚"。力量有了束缚,才能成为驯顺的良马;得到制约的权力,才不会横冲直撞、恣意伤害良民。"权利"的反面是"义务",或者说责任。密尔说:"义务这个观念,总含有照理应该强迫当事人履行这个义务的意思。义务是可以强索的,像债务可以强索一样。假如我们不认为可以强制他履行,我们就不说是他的义务。"

大师人话

西塞罗《论义务》

我们不是为自己而生的。我们的国家赋予我们活着应有的责任,我们的亲属也同样如此。

阿奎纳《神学大全》

戒律包含着义务的概念。

培根《学术的进展》

职责可以分两种，一种是人的公共职责，是就个人和国家的关系而言的。一种是个人的特殊职责，是就个人对自己的职业地位而言的。

蒙台涅《散文集》

有关人的义务的知识不应该让每个人去判断。这种只是对他来说应该是被规定的，不是留给他的理性去做选择的。否则，根据我们理性与意见的无穷变化去进行判断的话，那我们最终将为我们自己建立一个使我们互相蚕食的义务。

卢梭《论政治经济学》

不管政府如何贤明，人民及其统治者的腐败最后总会扩散到政府。最坏的弊端是只为了实际上能破坏法律而表面上服从法律。正是在这种情况下，守本分的呼声不再能打动人们的心。于是，他们的统治者只好代以恐怖的叫嚣。

爱默生《自信》

我有我自己的坚定主张和完整的思想，以义务的名义否定的正是许多称之为义务的差事。

密尔《论自由》

所谓对自己的义务，就是说不是对社会负有责任的，除非情况使得他同时也成为对他人的义务。如果这个名词如果除了自慎之外，还有什么更多的意义，那就是自重或者自我发展。没有人需要为这些向同胞交代，因为他们都不是为人类的好处之故而必须由本人负责向他们交代的事情。

亚里士多德《政治学》

全称的公民是"凡可参加司法事务和统治权力机构的人们"。

凡有权参加议事和审判职能的人,我们就可以说他是那一城邦的公民;一般地说,城邦是为了要维持自给生活而具有足够人数的一个公民集团。

密尔《代议制政府》

被排除在整体之外,不得不从门外向自己的主宰者恳求,而不是到里面去进行商谈,对个人来说是很令人沮丧的,对一个阶级来说尤其如此。自由对个人的最大的鼓舞效果,只有当受到影响的人成为或者指望成为和别人一样享有充分权利的公民时,才能得到。

修昔底德《伯罗奔尼撒战争史》

雅典人:权利,正如世人皆知的那样,是以同等的强迫力量为基础的;同样,强者能够做他们有权做的一切,弱者只能接受他们必须接受的一切。

普鲁塔克《希腊罗马人物对比传记·波普利科拉和梭伦的对比》

如果穷人必须为他们的债务而牺牲平等的权利,并且在平等的大本营和圣地——法院、国家机关和公开讨论会中,比其他任何地方更得唯富人之命是从并受其束缚,那么光有一部给所有人以平等权利的法律又有什么用呢?

阿奎纳《神学大全》

当一个人给出这么多东西时,他可以得到同样多的东西交换,这叫自然权利。如果一件事情本身违反自然权利,人类的意志就无法使它成为正义的。

格劳秀斯《战争与和平法》第一卷

天赋权利是根据任何行为是否符合理性,来表示该行为的正当性——表现品德的卑劣或道德贫困。

霍布斯《利维坦》

权利主要是做或者不做的自由,而法律则规定并约束人们去做或者不做。

只要每个人都保有随心所欲地做任何事情的权利,所有的人就永远处于战争状态之中。

权利的互相转让就是人们所谓的契约。

斯宾诺莎《政治论》

整个自然界乃至每一个个别事物,它有多大的力量就有多少自然权利。因此,任何人按照其自然法则无论做了多少事,他都是根据最高的自然权利行事。因而,正像他有力量一样,他也有对自然的权利。

洛克《政府论》下篇

每个人生来就有双重权利:第一,人身自由的权利,别人没有权力加以支配,只能由他自己自由处理;第二,同他的兄弟姐妹一起先于其他任何人继承他父亲的财产的权利。

杰斐逊《独立宣言》

我们坚信这些真理是不言而喻的:人人生而平等,人人都享有上帝赋予的某些不可剥夺的权利,包括生命权、自由权和追求幸福的权利。

吉本《罗马帝国衰亡史》

在自然状态中,每个人都有权用武力保卫自己的人身和财产安全,以便击退乃至阻止敌人的侵犯,并将自己的反抗行为扩大到合理的满足和报复的限度。

康德《法科学的划分》

权利系统被视为一种科学的原则体系,分为自然权利和实在权利。自然权利以纯理性的先验原则为根据;实在或成文权利则是出于立法者的意志。

权利系统还可根据人们承担的义务,也就是说,为与他人有关的行动提供合法权利，正直地对待他们所包含的力量，重新加以考虑，可分为先天权利和既得权利。先天权利是每个人生来就有的权利，而与所有经历的法律行为没有关系。既得权利则是基于这类法律行为的权利。

先天权利也可以说成是"本来就属于我的和你的"，因为外来权利必然总是后天获得的。

黑格尔《法哲学》

我这样地返回自身——使我作为理念，作为具有权利和道德原则的实体而生存。

托克维尔《美国的民主》

没有什么原则比权利原则更重要。

没有一个伟大的人物不具备美德，没有一个伟大的民族（几乎可以进一步说，没有一个社会）不尊重权利；仅靠暴力的契约把理性而又聪慧的人结合在一起的联盟又有什么意义呢？

密尔《功利主义》

拥有权利就是拥有某种社会应该保护我的东西。

尼采《反基督》

权利的不平等是权利赖以生存的根本条件——权利就是一种特权。

马利坦《人权和自然法》

信仰自由是一项神圣不可侵犯的自然权利。

小　结

权利，是谁给的？古希腊人认为，权利是依附于强者产生的，有多强大的力量，就有多少权利。显然，弱者可能在各种权利上都难得到平等。后来，基督教的牧师说，权利是神赐予的，就像那句名言所说的那样："人人生而平等，人人都享有上帝赋予的某些不可剥夺的权利，包括生命权、自由权和追求幸福的权利。"但在杰斐逊的《独立宣言》发表之前，英国人和其殖民地的人都坚信，权利是君主赐予的，恩典来自于国王。

　　人的权利来自于生命本身，对生命的尊重使一切权利都顺理成章。一些最根本的权利是与生俱来就需要被捍卫的。洛克说，人天然具有两种权利：人身自由权和财产权。除了自己，没有人可以左右个人的人身自由，也没有人可以有资格处置他人的财产。权利，是有权获得的利益，关注点必然不能脱离现实社会。贵族政治家亚里十多德说："只有拥有财产的人，才能获得权利，才能成为公民。"看来，身外之物还是很惹人喜爱的。

　　在希腊共和国的雅典，拥有财产是最好的事情之一，家大、业大的成年男人可以享有多种权利：可以成为公民，可以参政议政，有受人尊重的权利，可以整天游手好闲研究各种"不实用"的东西——比如亚里士多德爱研究哲学和物理、德摩斯悌口含石子对着大海练习演讲等。中国的流行语"有权就有钱"更一针见血地说明了拥有权力是获得权利的快捷方式。几乎每个朝代中，贵族阶层都免征赋税；蒙古人统治中原的时期，元朝贵族还享有初夜权。

　　有权必有利，有力总有权，权利的背后是武力。在一位马其顿国王的眼里，武力是获得权势和利益的先遣部队。亚历山大大帝出征东方之前，当了一回欧洲版的散财童子——把自己所有的资产都分给了部属和臣僚。面对迷惑不解的贵族们，他说攻城略地的巨大成功会给他带来新的领地、新的财富。

　　保卫"权利"难免要依靠权力，但只依靠权力的权利是靠不住的。精英所能享有的利益，和他们所能动员的力量成正比。如果当力量衰减的时候，还奢望保持既有的权利，甚至还想要更多，结局注定是悲惨的。如果法国国王路易十六面对国内动乱、国库空虚能够节减开支，如果法国贵族们愿意交税，而不是向百姓征收更多以填补军费，恐怕这位可怜国王还能再多活几年，王朝也不会覆灭。

　　统治者的权利需要权力，依靠力量来维持本阶层的利益；但人民大众的权利不需要强权，而需要制度。良好的制度，设计必须明确，不能随心所欲、朝令夕改；但人是靠不住的。希特勒曾经使伤痕累累的德国从一战的阴影中快速走出，迅速恢复经济，几乎消灭了失业，保护了德国人的权利。但这位曾经的伟人却把德国拖入了二战的泥潭，成了恶魔的化身。权利需要捍卫，权力需要约束。与希特勒相反的则是丘吉尔的结局。这位闻名世界的首相在巴黎和会谈判成功的时候，也是他被民众罢免首相职位的时刻。他被制度打败，但却因此而留名，英国人民也因之得益。

权利可能总是不平等的，甚至权利的本质就是一种特权。这种情况普遍存在于阶层内部和阶层之间。在古代的东西方，紫色都是只有贵族才可以穿着的颜色，代表了身份、等级和地位。这种权利背后的支柱是金钱，因为古罗马用特殊贝壳来提炼紫色，古代东方用专门植物的根茎来染紫色。这些昂贵的代价只有享有大量土地的封建贵族才能负担得起。在古代中国，贵族官僚使用色彩也同样需要特权。皇帝只可以用一种特殊的黄色，"普天之下，莫非王土"，代表他是最大的土地拥有者。普通官员分级别和文武职位，可以穿紫、红、蓝等不同颜色的长袍。除贵族阶层之外，老百姓大多只能穿灰褐色的棉麻衣服，因为很多漂亮颜色他们没有权利穿。纵观东西，贵族领主们都拥有不劳动的权利、有参与政治的权利。从民主雅典到18世纪的封建庄园，农奴们、佃户们从没有尝到过那种滋味。

资源是有限的，获得权利是有诱惑力的。人人都拥有一些天然的权利，而任何一个人行使他的权利都可能造成对另一个人的损害。当权利成为特供产品的时候，义务很容易就变成了缺失的美德。

权利和义务常常只在理论上对等。教科书常说享有权利就必须要履行义务，其实不过是人们的美好愿望，现实常常相反。许多阶层享有了权利，却从不承担义务；正好比许多官僚随心所欲行使权力，但从来不承担责任。中国文化中，俗称统治者为"民之父母"，从皇帝到官僚们享受子民们"爱的供养"，却并没有很好地履行照顾子民的义务。

有权获取更多的利益是人们参与社会的动机，因为并非所有权利是自然产生的，有些权利还需要社会的赋予，在社会环境中才会产生。比如，人们在群体生活中可以获得被保护的权利。中国渔船被日本扣押，拥有获得中国支持的权利。而中国政府则有保护侨民的义务。一个有力量保护自己成员的社会群体，必然具有强大的吸引力。盛唐时期的"万国来朝"，也不过是因为这个名叫"大唐"的社会能给予他的各类成员更多权利，并且有力量保护这些权利。

在权利和义务不对等的时代和社会，必然是比较糟糕的。因为如果人与人之间总是在互相索取权利，而不想履行义务付出些什么，那么结果总是动乱连绵、一地鸡毛。一个讽刺寓言曾描述天堂与地狱的区别：人们只能用很长柄的汤勺盛饭吃，天堂的美好在于人们互相喂食，地狱的悲剧在于人们只想拿给自己吃。长此以往，天堂必然幸福万年长，地狱必然腥风血雨，直到人们形成了较为主流的观念：权利交换。

转让权利——互相让渡彼此的权利，就是契约。人是利益生物，人加入社会本身就是一种利益选择。权利的转让是一种价值判断，当一个人转让他的权利或放弃他的权利时，常常是因为他希望得到其他的东西。欧洲中世纪以来逐步形成的城市自治，有一些就是市民阶层用金钱、劳务和大领主们交换"自治特许状"的结果。

权利和义务，是人类历史中一场永恒的赛跑。不论是谁领先在前，都会带来灾难。只有它们齐头并进，才是人们可以感受到幸福的时代。

经典推荐

西塞罗《论义务》
卢梭《论政治经济学》
爱默生《自信》
密尔《论自由》《代议制政府》
亚里士多德《政治学》
修昔底德《伯罗奔尼撒战争史》
格劳秀斯《战争与和平法》
莎士比亚《威尼斯商人》
契诃夫《凡卡》
哈特《法律的概念》
约翰·罗尔斯《正义论》

时间与空间

時、旹（quarter of a year; season），形声。从日，寺声，从"日"与时间有关。本义：季度；季节。《说文》中有："时，四时也。"《释名》："四时，四方各一时，时，期也。"《韵会》："时，时辰也。十二时也。"空（empty; hollow），空虚；内无所有。引申为空虚处，空档。《广韵》："空，空虚。"间、閒（between; among），间是后起字，本字作閒。《礼记·乐记》："一动一静者，天地之閒也。"

古文中，时间主要作"一时""马上"等意。《水浒传》第七回："原来是本官高太尉的衙内，不认得荆妇，时间无礼。"《西游记》第四回："如若不依，时间就打上灵霄宝殿，教他龙牀定坐不成。"表示成为与空间相对而言，由过去、现在、将来构成连续不断的系统，主要到近代。瞿秋白《饿乡纪程》二："不知道自己的转变在空间时间中生出什么价值。"艾青《给太阳》诗："你是时间的锻冶工，美好的生活的镀金匠。"

空间，也表示与"时间"相对，通常指四方上下。刘大白《国庆》诗："谁隔开了空间划成什么国界？谁截断了时间造出什么国庆？"茅盾《子夜》七："丝车转动的声音混合成软滑的骚音，充满了潮湿的空间。"

大师人话

《旧约全书·传道篇》

凡事都有定期，天下万物都有定时。生有时，死有时；栽种有时，采摘所种之物有时；杀戮有时，医治有时；拆毁有时，建造有时；哭有时，笑有时；

哀恸有时，跳舞有时；抛掷石头有时，堆聚石头有时；怀抱有时，不怀抱有时；寻找有时，失落有时；保守有时，舍弃有时；撕裂有时，缝补有时；静默有时，言语有时；喜爱有时，恨恶有时；战争有时，和好有时。

亚里士多德《物理学》

那么时间会消失吗？回答是：只要运动永远存在，时间是一定不会消失的。那么时间是永远不同的呢，还是同一个时候在反复出现呢？显然，时间和运动的情况相同：如果运动在某个时候是同一个在反复出现的话，那么时间也会是同一个在反复；如果运动不是这样，那么时间也不会是这样。既然"现在"是时间的终点和起点，但不是同一时间的终点和起点，而是已过时间的终点和将来时间的起点，那么就像圆的凹和凸在某种意义上是同一的，时间也是这样，永远在开始的终结之中。也因为此，它显得总是不同的，因为"现在"不是同一段时间的开始和结束，否则它将同时而为同一事物的对立面了。时间也不会消失，因为它总是这样开始着。

奥维得《变形记》

在这个世界中没有什么是永恒。每一种事物都是变动的一种状态，而且都是作为一种易逝的东西出现的。而时间本身像一条流动的河一样，在不停地运动：因为正在逝去的时间并不能比一条河停留得更久。恰如后浪推前浪，后浪又被后浪逐。时间的运动来得急，去得快，而且总会出现新的运动。

奥古斯丁《忏悔录》

时间并不是闲着的，并非无所事事地悠悠然而逝。通过我们的感觉，时间在我们心中进行着令人惊奇的工作。时间一天又一天地来来去去，在它来时去时，把新的希望、新的回忆注入我的心中，逐渐恢复我旧时的寻欢作乐，迫使痛苦撤退。

斯宾诺莎《伦理学》

如果我们试看一下人们的共同意见，我们就会发现，他们也诚然意识到他们的心灵的永恒性，不过他们将永恒和绵延混为一谈，而将永恒性归于想象或记忆，这些东西，他们相信在死后还可以保存着。

牛顿《自然哲学之数学原理》

可能没有这样一种均等的东西可以用来准确地测量时间。所有的运动可能都是加速或减速，但绝对时间的流逝却不会有所改变。不管其运动是快是慢，或者根本不动，一切存在的事物的延续性或持久性总是一样的。因此，应该把这种延续性与其只能感知的量度区别开来，并用天文学方程把它从感知的量度中推导出来。

洛克《人类知识原理》

在我看来，时间之成立是由于我心中有连续不断的观念以同一速度流动，而且一切事物都是和这一串时间有关的。因此，在任何时候，我如果想离开那一串观念来构成一个简单的时间观念，则我总会迷惑起来，陷于不可脱出的困难中。我对它无任何观念，我只是听人说，它是不可分割的，而且他们的说法使我对于自己的存在，不得不产生一些奇特的感想。因为那个学说使人绝对必然地想到：自己过了无数的年代，却无一点思想；或者自己一生中每时每刻都在被消灭。这两种说法都是同样荒谬的。具体来说，离了心中观念的前后相承，时间是不能存在的，因此，任何有限精神的存在时期，应该以那个精神中前灭后生的观念或动作的数量来估定。因此，明显的结论就是：灵魂是永远在思想的。

伯格森《时间和自由意志》

当我用眼睛跟着秒针转动时，我不是在测量绵延，像平时所设想的那样，我仅仅是在计算一些同时发生，而这时完全另外一回事。在我以外，在空间之内，秒针与钟摆的位置决不会有一个以上，因为过去的位置没有留下任何余迹。在我自身之内，正发生着一个对于意识状态加以组织并使之互相渗透的过程，而这过程就是真正的绵延。

萨特《存在与虚无》

如果从其本身来考虑时间，那么它立即会消失在一种绝对的瞬间的重复之中。而这些瞬间，如果分开来考虑的话，就会失去其所有的时间方面的性质，从而纯粹而简单地变成了所有那种"此时一瞬间"的聚合。因此，"时间"本身纯粹是一种虚无，它似乎只能通过这样一种活动才能存在：在这种活动中，自为存在越过了它以便利用它。

柏拉图《蒂迈欧》

空间是永恒的、不会被毁坏的，它为所有的创造物提供了场所，对它的理解不是借助感官，而是运用虚假的推理。它不像是实实在在的，我们注视它，仿佛就像是在睡梦之中，说所有的存在必定处于某一位置并占有一定的空间，但既不在空中也不在地上的东西是不存在的。

亚里士多德《物理学》

我们认为：第一，空间乃是一事物（如果它是这事物的空间的话）的直接包围者，而又不是该事物的部分；第二，直接空间既不大于也不小于内容物；第三，空间可以在内容物离开以后来，因而是可分离的；第四，此外，整个空间有上和下之分，每一种元素按本性都趋向它们各自特有空间并在那里留下来，空间就根据这个分上下。

阿奎纳《神学大全》

真空的概念不仅意味着在那里什么都没有，而且还意味着那是一个其中没有任何物体但却能存放物体的空间。不过我们认为，在这个世界以前，既无所谓位置，也不存在空间。

休谟《人性论》

空间观念是由视觉和触觉这两个感官传入心中的，任何不可见或不可触知的东西都不会显出具有广袤性。表象广袤的那个复合印象是由若干较小的印象组成的，这些较小的印象对视觉和触觉说来是不可分的，可以称为是具有颜色和坚固性的原子或粒子的印象。

黑格尔《自然哲学》

自然界最初的或者直接的规定性是其己外存在的抽象普遍性,这种存在的没有中介的无差别性就是空间。空间是己外存在,因此,空间构成完全观念的、相互并列的东西。这种相互外在的东西还是完全抽象的,内部没有任何确定的差别,因此空间就是完全连续的。

爱因斯坦《相对论》

空间是一个三维的连续性,我们这样讲的意思是,我们可以用三个数字(坐标)x、y、z,来描述一个(静止的)点的位置。而且,紧挨着这个点可能还会有无数个点,其位置也许可以用坐标,如 x_1、y_1、z_1 来描述。此外,它们各自的值也许与我们所选择的第一个点相应的坐标 x、y、z 的值十分接近。正是根据后面这种属性,我们提出了"连续性"概念,而且由于存在着三个坐标这一事实,所以我们说这个连续区是"三维的"。

陆机《短歌行》

人寿几何？逝如朝霜。时无重至,华不再阳。

《三国志·魏书·王肃传》裴松之注引《魏略》

冬者岁之余,夜者日之余,阴雨者时之余。

陶渊明《杂诗》八首

盛年不重来,一日难再晨；及时当勉励,岁月不待人。

《论语》

子在川上曰,逝者如斯夫,不舍昼夜。

小 结

时间，被很多文人、哲人感慨思考过，但其实"时间"只是人创造出来的。一个很简单的比方，如果你有不计其数的钱，你还会有钱的概念吗？时间也是这样，因为稀缺而被创造出来。因为有限，人需要对它进行量化、管理、利用，于是就有了时间的概念。

远古人从日月星辰、四季变化看出一些规律，日、月和四季等周而复始循环渐进，于是就有了日、月、年和四季。而人又有生老病死，便又有了"一世"的概念。随着人感知的进步，人对自己一生的划分更为精密。人有幼年、青年、壮年和老年。而中国人古训的"十岁不愁、二十不悔、三十而立、四十不惑、五十知天命、六十耳顺、七十古稀、八十耄耋"，把时间与人的特质对应了起来。

一生的时间被年、月、日度量，一天的时间就被分、秒分割。人不仅发明了时间的概念，还如上帝一般给予它刻量。现代人用时钟刻度时间。古代人用日晷刻度时间。在沈从文的小说里，在一个小村里，小溪每日放水三次，村民便看小溪的水量来刻度时间。不论用什么方法，时间可以被量化、对接，甚至买卖。

人用外在的工具或事务刻度时间，其实对于个人而言，时间的刻度在心里。同样是用时钟度量的一个小时，在情侣那里，是美妙甜蜜；在建筑工人心里，是辛劳；在无聊者那里，是难耐；在病人那里，是蜗牛一寸一寸地爬过肌肤。我们说时间快如光阴似箭、白驹过隙、乌飞兔走、弹指之间，但同样对于时间，也有度日如年、一日不见如隔三秋。

时间是一个很奇妙的东西，有人感叹岁月无痕，时间虽然没有重量、体积、密度，但并不表示它不彰显它的存在。人过留名，雁过留声。时间虽没有实体，但它也有痕迹的。树用年轮记录时间，又如岩层，老的在下、新的在上，背斜的中心老两边新，向斜的中心新两边老。女人更是怕时间的痕迹——皱纹。

时间与空间

时间并不是上帝，万物在它面前并不平等。周期性的生命和事物无疑是得到时间的丰厚礼物的，如四季循环，生生不息。而长时段的事物或生命，时间对它们没有任何作用，如山川、河流，只有它们才有资格谈"永恒"，其他都"谈笑间，樯橹灰飞烟灭。"

而对于线性的生命和事物，时间最残忍，因为只有一次。人类发明了一种很有美感的时间计量方式——沙漏。这种方式比钟表更能体现时间的本质，重复性的时针运动会欺骗你，时间如流沙般在流失，你抓不住、握不紧，而流失的沙会越来越多，这对你的提示是有冲击力的。这很残忍，因为人生在世有太多留恋、不甘和不舍，而最后一粒沙将压倒一切。

在这个星球上，有多少人从出生、成长、结婚、生育到死亡，从一个细胞分裂开始，到所有细胞走向衰老，再到死亡，最终腐败分解。时间让人唯一的实体——身体消失，或许时间才是撒旦。这也可以解释，在人类所有的神话中，神与仙都是长生不老的，因为人不能战胜时间，而神与仙却可以。

时间是撒旦，还在于它能解构一切、质疑一切、虚幻一切。人是多么可怜的生物，当发现自己的身体无法永恒以后，便希冀于精神或他物永恒。伟人要么想"留取丹心照汗青"，要么想"追求真理以达永恒"，要么"塑像立传"。但从历史的进程来看，就是一句网络语可以描述"长江后浪推前浪，前浪死在沙滩上"。最伟大的王朝被颠覆推翻，最伟大的理论被质疑重构，最伟大的艺术被解构荒诞化。

这是伟人的路径，对于大多数的平凡人，有句话叫"莫忘初衷"。有人回忆过去，沧海桑田，原来自己早已不是启程原点上的那个人。所有的真挚的感情、情绪、理想，都在时间中变得模糊。不知是人的感知太缥缈，还是时间太过强大。

而空间或许比时间更实在。它至少是可视的、可感知的。人当然不能创造时间，但人可以分割空间、创造空间。

人对空间的理解，首先为"天地"。中国有盘古开天地的神话，"经过一万八千年艰苦的努力，盘古挥出最后一斧，只听一声巨响，巨星分开为两半。盘古头上的一半巨星，化为气体，不断上升。脚下的一半巨星，则变为大地，不断加厚，宇宙开始有了天和地。"

天之大，地之广，其实对个人来说是没用的。把广袤的空间变为领域，这才有实际效益。人类还懵懂混沌时，没有空间概念。但不同种群的人相遇，空间的概念潜意识里就变成了领域。在无人争抢的状态下，再大的空间也不会让人感知到它存在的价值，但当有争夺时，人们便毫厘必争。人类的历史，就是一部空间争夺战。所有的战争、联盟，无非是对于这个星球上领域的划分。

而另一方面，人类的历史也是一部空间大发现的历史。在这个历史过程中，人的各种技能、装备、知识不断得到完善。虽然在14世纪，中国就有了郑和下西洋，他带领的船队发现空间，却没有把空间变会领域。所以中国的空间大发现对中国毫无意义。从15世纪到17世纪，欧洲船队主导的地理大发现，把所到之处变为原料产地、贸易地、殖民地，空间成为他们的领域。

而就个人而言，空间感也十分重要。这个星球上有几十亿人，除去天生的地缘上、血缘上、亲缘上给每个人定了位，每个人后天所开辟的领域，也使几十亿人相互区隔。这里的领域不仅包括你的交际圈、兴趣圈、专业圈，还包括你的人生观、世界观和价值观；包括你的信仰、思想、态度，还包括当下人最热衷的房与车。

人在时间与空间中显得尤其渺小，但对于个人而言，"天时和地利"很重要，能在适当的时间、适当的地点，做成想做的事，便是人生大幸。

经典导读

《新约全书》
亚里士多德《物理学》
奥古斯丁《忏悔录》
斯宾诺莎《伦理学》
牛顿《自然哲学之数学原理》
洛克《人类知识原理》
伯格森《时间和自由意志》

萨特《存在与虚无》
柏拉图《蒂迈欧》
亚里士多德《物理学》
阿奎纳《神学大全》
黑格尔《自然哲学》
爱因斯坦《相对论》